숲이
어디로
갔지?

Der verschwundene Wald
by Bernd M. Beyer

Copyright ⓒ 1983 by Verlag Die Werkstatt GmbH
All rights reserved.
Korean Translation Copyright ⓒ 2002 by Dourei Publication Co.

이 책의 한국어판 저작권은 Verlag Die Werkstatt GmbH와 독점 계약한 도서출판 두레가 갖고 있습니다.
저작권법에 의해 보호받는 저작물이므로 무단 전재와 복제를 할 수 없습니다.

두레아이들 교양서 7

독일의 유명한 환경교육 책

베른트 M. 베이어 지음
지빌레 헬베그 · 라인하르트 브란트 그림
유혜자 옮김

숲이 어디로 갔지?

두레아이들

차 례

숲이 어디로 갔지? 7

인내심 많은 돌 23

고물 자동차들의 탈출 31

초콜릿 토끼 인형들의 꿈 45

바람에 날아간 장군의 모자 55

고슴도치는 왜 가시가 생겼을까? 65

강아지, 고양이와 결혼하다 71

하얀 까마귀 87

참새가 더 나은 세상을 알게 된 이야기 99

지은이 후기 106
옮긴이의 말 108

숲이 어디로 갔지?

 사람들은 나무가 눈도 없고 귀도 없을 뿐만 아니라 생각도 갖고 있지 않다고 여긴다. 하지만 나무는 말할 수 있다. 심지어 그들은 사람에게 말도 건넨다. 물론 사람들이 잘 귀담아 들어야 겨우 들을 수 있는 말이지만 말이다. 어쨌든 밤사이에 숲이 사라졌다는 이야기를 들은 다음부터 나는 나무가 말할 수 있다는 것을 믿게 되었다.
 어느 작은 마을에 숲이 있었다. 숲은 공장과 도로에서 멀찍감치 떨어져 있었다. 마을과 마주하지 않는 반대쪽 숲에는 강물이 흘렀는데, 이 강물은 나라와 나라 사이를 갈라 주는 국경선 역할을 했다. 아주 오래전부터 그 강을 건너는 사람은 아무도 없었다. 그 강이 두 나라 중 어느 나라에 속하는지 분명하게 밝혀지지 않았기 때문이었다. 그래서 양쪽 강가에 사는 사람들은 강 건너편 사람들을 알지 못한 채 지냈고, 강 건너 마을을 찾아가지도 않았다. 두 나라의 정부가 그 것을 금지했기 때문이다. 그렇지만 이 책에서 그런 이야기를 자세히 하고 싶지는 않다.

어느 해 여름, 큰 사건이 벌어졌다. 어느 날 멋진 검은색 자동차가 강가의 작은 마을에 나타났다. 자동차는 면장의 관사 앞에 멈춰 섰고, 쏜살같이 튀어나온 면장은 허리를 계속 굽실대며 자동차에서 내리는 손님을 맞아들였다. 잠시 후, 마을 사람들 가운데 유일하게 부자(富者)인 제재소 주인이 팔자걸음을 하며 면장 관사를 찾았다.

세 사람은 오랫동안 면장의 관사에서 이야기를 나누었다. 검은색 자동차를 타고 온 손님이 떠나고, 제재소 주인마저 뭔가 비장한 결심을 한 듯한 표정을 지으며 돌아가자, 면장 관사의 거실은 자욱한 담배 연기로 가득 찼다. 그날 그들이 그곳에서 무슨 이야기를 나누었는지는 며칠이 지나도록 알려지지 않았다. 면장은 자신의 어린 딸에게조차 아무 말도 해 주지 않았다. 그렇지만 면장의 딸은 뭔가 안 좋은 일이 벌어지고 있다는 것을 느낄 수 있었다. 면장과 제재소 주인이 숲으로 들어가는 것을 보았기 때문이다. 그들은 숲에서 나무들을 둘러보고, 나무가 모두 몇 그루나 되는지 세어 보면서 뭔가 열심히

계산했다. 그러면서 그들은 면장의 딸이 작은 오두막을 지어 놓은 나무 근처로 다가갔다. 면장의 딸은 하루종일 오두막에 앉아 동물들을 살펴보고, 나뭇잎이 서로 부딪치는 소리, 바람이 속삭이는 소리를 들으며 지냈다. 그날도 나무 위에 앉아 있는 딸을 보고 면장이 소리쳤다.

"애야, 오늘은 그 오두막을 치워야겠다. 내일 이 나무를 잘라 낼 거야."

"왜 하필 내 나무를 잘라요?" 소녀가 물었다.

"네 나무만 그렇게 되는 게 아니야. 어쨌든 내일 이 나무는 잘릴 테니, 그리 알고 있으렴." 면장이 말했다.

그날 저녁, 마을의 식당에서는 마을 사람들이 모여 회의를 열었다. 그 자리에서 면장은 뜻밖의 소식을 전했다. 아이들은 잠잘 시간이라서 회의에 참석할 수 없었지만, 나무 위에 지어 놓은 오두막이 걱정되었던 소녀는 몰래 식당 안으로 들어갔다. 소녀는 어두컴컴한 구석에 있는 탁자 밑에 앉아 귀를 쫑긋 세운 채 숨을 죽이고 있었다.

면장이 진지한 표정으로 말했다.

"사랑하는 주민 여러분! 여러분들도 아시다시피 우리 마을의 형

편이 별로 좋지 않습니다. 많은 사람들이 가난하게 생활하고 있고, 마을에 일거리가 없어서 도시로 나가야 하는 딱한 처지에 놓여 있습니다. 그렇지만 이제 우리 마을에도 변화가 생길 겁니다. 강을 따라 고속도로를 건설하기로 했습니다."

면장이 잠시 숨을 고른 다음 종이를 꺼내들었다. 그것은 정부의 고위 관리가 보냈다는 공문이었다. 국경선 문제로 사람들이 마음 놓고 강을 오고 갈 수도 없고, 강 건너에 있는 나라가 이 문제를 해결할 자세를 보이지 않아 빠른 시일 안에 개선될 기미가 보이지 않으므로 고속도로를 건설하기로 했다는 것이었다.

"쉽게 말하면 이런 겁니다."

면장이 종이를 내려놓고 잔기침을 한 다음 말을 이었다.

"우리 마을에 행운이 찾아온 겁니다. 고속도로에 주유소와 휴게소를 만들겠습니다. 그렇게 하면 돈과 일자리가 생겨서 우리 모두 잘살 수 있게 될 겁니다."

마을 사람들은 뜻밖의 소식에 어리둥절해하며 서로의 얼굴을 멀뚱멀뚱 쳐다보았다. 잠시 뒤, 사람들이 수군거리더니 이런저런 질문들을 하기 시작했다. 고속도로가 얼마나 넓게 만들어지는지, 도로가 어느 방향으로 나는지, 주유소나 휴게소에 일자리가 얼마나 생기는지, 그리고 새로운 건물을 짓는다면 과연 어디에 지을 것인지에 대한 질문이 제일 많았다.

면장이 말했다.

"그거야 지금 숲이 있는 자리에 길을 뚫는 거죠. 어차피 숲이 우리에게 이익을 가져다주는 것도 별로 없지 않습니까?"

그러자 길이 생긴다는 소식을 전혀 달가워하지 않는 사람들이 불만을 이야기했다.

"도대체 이 마을에 고속도로가 왜 필요합니까?"

"동구 밖에 숲이 보이는 풍경이 고속도로보다 훨씬 낫습니다."

"도로를 만들기 위해 멀쩡한 나무를 베어 내는 것이 과연 옳은 짓인지에 대한 확신도 서지 않습니다."

탁자 밑에 있던 소녀도 작은 소리로 말했다.

"안 돼! 숲을 망가뜨리면 안 돼!"

생각 같아서는 밖으로 뛰쳐나가 크게 소리 지르고 싶었지만 그렇게 하면 어른들에게 붙잡혀 집으로 돌아가야 할 것 같아서 꾹 참았다. 그래서 마을 사람들이 고속도로 건설을 반대하기만을 마음속으로 간절히 빌었다.

새로운 소식에 대해 불만의 목소리가 터져 나오자, 면장은 땀을

뻘뻘 흘리며 그들을 설득했다. 면장이 난처해하며 탁자 위에 내려놓은 공문서를 쳐다보고 있는데, 제재소 주인이 벌떡 일어나 큰 소리로 말했다.

"어차피 고속도로를 건설하기로 한 결정은 이미 내려졌습니다. 그러니 이제 와서 그 결정에 대해 왈가왈부할 필요는 없습니다. 이제부터 우리는 정해진 여건 내에서 각자에게 맞는 최선책을 찾아야 합니다. 나는 이미 내가 할 일을 결정했습니다. 고속도로를 만들려면 숲에 있는 나무를 베어 내야 하니까 내가 그 일을 맡겠습니다. 여러분들도 각자 할 일을 찾아보세요."

이런저런 이야기가 많이 오고 갔지만 사람들은 대부분 고속도로가 만들어지고 주유소와 휴게소도 생기는 것을 당연한 것으로 받아들이는 분위기였다. 많은 사람들이 그런 변화된 상황에서 각자 어떻게 하면 돈을 많이 벌 수 있을지에 대해 고민하기 시작했고, 심지어 뻥 뚫릴 고속도로를 차로 신 나게 달릴 생각에 벌써부터 기뻐하는 사람도 있었다. 마을 사람들은 면장이나 제재소 주인이 마을 사람들의 입장에 서서 좋은 결정을 내렸을 거라고 굳게 믿는 것 같았다.

면장이 사람들에게 협조해 주어 고맙다는 인사를 했고, 제재소 주인은 당장 내일부터 작업을 시작하겠다고 했다.

"일하고 싶은 사람은 누구나 나와서 일하면 됩니다. 임금은 후하게 쳐 줄 겁니다. 이미 나무를 팔아 넘겼기 때문에 부지런히 잘라서 도시로 보내야 됩니다. 일손이 많이 부족해요."

마을 사람들이 집으로 돌아갈 무렵에 밖은 이미 캄캄해져 있었다. 소녀는 제일 마지막으로 식당에서 나왔다. 그렇지만 집으로 가지 않고, 풀밭을 지나 시커멓게 어두운 숲을 향해 달렸다. 소녀는 눈물을 흘리며 오두막을 지어 놓은 나무가 있는 곳으로 달려갔다.
 "사람들이 너희를 다 잘라 버리겠대!" 소녀가 나무를 향해 외치고는 나무줄기에 힘없이 등을 기대고 앉았다.
 "고속도로를 만들 거래. 그래서 너희들을 없애야 된대. 이제 너희들은 어떻게 하니?"
 짙은 어둠에 잠긴 숲은 고요했다. 아무도 소녀의 말을 귀담아 듣지 않는 것 같았다. 소녀는 천천히 일어나 무거운 발걸음을 이끌고 집으로 향했다. 잠시 후 숲에서는 서걱서걱, 사각사각 소리가 났다. 조용한 한밤중에 바람이 숲을 스치고 지나는 것 같았다. 소녀는 오랫동안 잠을 이루지 못한 채 그날따라 숲에서 유난히 크게 나는 나뭇잎 소리를 들으며 이제는 그것도 마지막이라는 생각에 길게 한숨을 내쉬었다.

다음 날 아침, 날이 채 밝기도 전에 마을 사람들은 집을 나섰다. 사람들은 저마다 손에 도끼와 톱을 들거나 큰 수레를 끌고 갔다. 제재소 주인이 앞장섰다. 제재소 주인의 발걸음은 몹시 급했다. 싸게 사들인 나무들을 숲에서 가져올 생각에 들떠 있는 듯했다.
"빨리빨리 갑시다!"
제재소 주인이 사람들을 향해 큰 소리로 외쳤다.
그런데……!
숲이 보이지 않았다. 밤새 감쪽같이 없어진 것이다. 어스름한 새벽녘, 숲이 있던 자리에는 돌과 흙더미만 덩그러니 남아 있었다. 나무도 없고, 덤불도 없고, 나뭇잎도 없고, 사슴도 없고, 토끼도 없고, 생쥐도 없고, 풍뎅이조차 보이지 않았다. 도저히 있을 수 없는 일이었다. 그렇지만 날이 밝아 오면서 모든 것이 더욱 분명하게 모습을 드러내자 도저히 믿지 않을 수 없었다. 그때 갑자기 소녀가 강 건너 쪽을 가리키며 소리쳤다.
"숲이 강 건너 마을로 옮겨 갔어요!"
사람들은 눈을 비비며 어리둥절해했다. 정말이었다. 숲이 밤사이 강 건너로 옮겨 가 버린 것이다. 하지만 어떻게 해서 그런 일이 생겨 났는지 설명할 수 있는 사람은 아무도 없었다.

이 자리에서 내가 진실을 밝히는 것이 비밀을 누설하는 것은 아니다. 오히려 그 반대다. 내가 사람들에게 자기들의 이야기를 해 주는 것을 숲이 바랐기 때문이다.

깊은 밤에 나무들은 소녀가 하는 말을 잘 듣고 있었다. 그리고 소녀가 집으로 돌아가자마자 너도밤나무 고목이 회의를 소집했다. 숲 속에 사는 식구들이 다 회의에 참석했다. 나무, 꽃, 동물 들이 모여 회의가 진행되는 동안 남을 해치는 짓은 절대로 하지 않기로 했다. 그래서 말똥가리는 생쥐를 괴롭히지 못하고, 생쥐는 풍뎅이를 잡아 먹을 수 없었다.

소녀가 한밤중에 숲에서 나뭇잎 소리가 유난히 크게 난다고 생각했던 것은 그들이 회의를 하면서 내는 소리 때문이었다. 너도밤나무가 먼저 말했다.

"우리도 계속 참고 지낼 수만은 없어. 이제까지는 모든 것을 다 참아 왔지. 사람들이 우리를 베어 내 불을 지필 때도 아무 말 없이 참았어. 우리를 톱으로 잘라 집을 지어도 가만히 있었어. 사람들이 들판에 곡식을 길러도 우리는 내버려 두었어. 그렇지만 주유소는 도저히 받아들일 수 없어. 우리가 사람들에게 더 이상 필요한 존재가 아니라면 차라리 이곳을 떠나자. 편히 쉴 수 있는 곳이라면 어디든 좋아. 설령 우리가 목숨을 잃는다고 하더라도 그렇게 하자. 이제는 더 이상 참을 수 없어!"

모두들 너도밤나무의 말에 열광적으로 동의했다. 평소 사람들이 숲에서 꺾어다가 예쁜 꽃병에 꽂아 두기 때문에 자기가 대단히 우아한 존재라고 생각하며 잘난 척하기 좋아하는 들꽃도 마찬가지였다. 그 자리에서 바로 이사 계획이 세워졌다. 머리가 좋은 들쥐들이 강물과 협상을 벌였다. 처음에 강물은 매우 바쁘다며 자기는 그런 일에 신경 쓰고 싶지 않다고 했다. 그러나 들쥐들이 끈질기게 설득하자 잔기침을 하며 출렁출렁 지나가던 강물도 숲의 이사를 도와주겠다고 했다.

맨 앞줄에 있는 나무들이 조심스럽게 땅에서 뿌리를 뺀 다음 물에 누웠다. 그 위에 나무를 잘 심을 수 있는 여우, 너구리, 들쥐, 생쥐, 다람쥐 들이 올라탔다. 동물들은 물에 빠질까 봐 두려워서 나뭇가지를 꼭 붙잡은 채 강을 건넜다. 숲 속의 가족들을 도와주는 일에 재미를 느끼기 시작한 강물은 모두를 안전하게 옮겨 주었다. 강을 건너간 동물들은 땅을 파서 나무와 덤불들이 뿌리를 잘 내릴 수 있게 해 주었다. 그런 다음 나머지 나무들이 건너갔고, 새로 건너간 동물들이 다시 땅을 팠다. 풍뎅이와 벌레들도 일을 거들었다. 제일 먼저 간 나무들이 뿌리를 잘 내리고 서게 되자 새들이 건너갔다. 새들은 대부분 주둥이에 지렁이를 물고 건너샀다. 그것들이 나무에 올라탈 때까지 기다리려면 시간이 너무 오래 걸릴 것 같았기 때문이다. 새들은 새끼들이 들어 있는 둥지와 함께 건너가야만 했기 때문에 일이 제일 까다로웠다.

마침내 마지막으로 남아 있던 나무들과 함께 노루, 사슴, 토끼와 멧돼지가 강을 건넜다. 토끼와 멧돼지들은 물을 무척 무서워했기 때문에 강을 건너며 온몸을 부들부들 떨었고, 멀미를 하기도 했다. 그렇지만 그들 역시 안전하게 강을 건넜다. 날이 채 밝기 전에 마지막으로 건너온 나무들이 땅에 뿌리를 내렸다. 강물이 새로 자리를 옮긴 나무들에게 물을 주기 위해 잠시 둑을 넘었다. 나무를 심느라 지친 여우, 너구리, 들쥐와 생쥐 들은 자기들이 살아갈 집을 만들기 시작했다.

마을 사람들이 전혀 눈치 채지 못하는 사이에 그런 일이 일어났다.

그날 이후 마을은 온통 빠르게 변해 갔다. 측량기사와 공사장 인부

들이 마을로 몰려왔고, 온 동네가 어수선하고 더러워졌다. 아침에는 큰 트럭들이 굉음을 내며 달려와 모래, 시멘트, 돌을 내려놓았다. 마을은 온통 공사판이 되었고, 공사 때문에 농토가 많이 망가졌다. 처음에 동네 아이들은 커다란 기계들이 몰려와 새로운 볼거리가 생기니까 무슨 큰일이라도 일어나는 줄 알고 좋아했다. 하지만 나중에는 예전처럼 숲에서 뛰어놀고 싶어도 숲이 강물 너머 너무 먼 곳에 있어서 슬퍼했다.

어른들 중에도 심각하게 고민하는 사람들이 생겨났다. 물론 면장의 말은 옳았다. 마을 사람들은 대부분 가난하게 살았다. 그렇지만 고속도로와 주유소가 그들을 부자로 만들어 주지는 못할 것 같았다. 오히려 그 반대였다. 들판에서는 자동차 매연 때문에 곡식들이 제대로 자라지 않았다. 사람들은 밤중에도 시끄럽게 돌아가는 모터 소리에 시달렸고, 낮에는 아이들이 사고라도 당하지 않을까 전전긍긍했다. 결국, 처음에 고속도로 건설을 찬성했던 사람들 중에도 반대하는 사람들이 점점 늘어났다. 공공연하게 다시 숲이 마을로 돌아오면 좋겠다고 말하는 사람도 생겨났다. 그렇게 하면 고속도로와 주유소를 세우는 것을 막을 수 있지 않을까 하는 생각에서였다.

그렇지만 마을 사람들 가운데 그런 마음을 실제로 행동에 옮긴 사람은 딱 한 사람뿐이었다. 숲에게 미리 귀띔을 해 준 바로 그 소녀였다. 어느 날 밤, 소녀는 아무도 모르게 일어나 정원으로 나가 작은 나무 곁으로 갔다. 소녀가 직접 심어 놓고 매일 물을 주며 키우는 키 작은 아기 나무였다. 소녀는 아기 나무를 조심스럽게 뽑아들고 공사장을 지나 시커먼 강으로 갔다. 그리고 강가에 서서 아기 나무에게 이렇게 말했다.

"강물을 건너 숲으로 가서 다른 나무들에게 여기서 무슨 일이 일어나고 있는지 전해 줘. 사람들의 마음이 변했다고 말야. 그러니 모두 다시 이곳으로 오면 환영받을 거라고 알려 줘. 이제는 아무도 고속도로 때문에 나무를 베어 내는 짓을 하지 않을 거라고 말야. 사람들 모두 숲이 사라져서 무척 슬퍼한다고 말해 줘."

소녀는 강물에게도 말했다.

"이 나무를 강 건너 숲으로 잘 데려다 줘. 아주 중요한 나무야."

강물은 늘 그랬던 것처럼 무심히 흘러가면서 아무 대답도 하지 않았다. 소녀는 아기 나무를 강물에 띄워 놓고, 나무가 뱅글뱅글 제자리를 돌다가 멀리 흘러가는 것을 가만히 지켜보았다.

아기 나무가 숲으로 가서 그 말을 잘 전했는지, 숲이 그 말을 듣고 어

떤 생각을 했는지는 아직까지 알려지지 않고 있다. 소녀는 종종 한밤중에 창가에 서서 공사장과 더러워진 강물 너머로 숲이 있는 쪽을 하염없이 쳐다본다. 그러다가 가끔 바람이 부드럽게 불어오면 숲이 사라지던 날 밤에 그랬던 것처럼 나뭇잎이 사각거리며 뭔가 속삭이는 듯한 소리를 듣는다.

인내심 많은 돌

숲 가장자리에 꽃과 풀로 뒤덮여 있는 둥근 돌이 있었다. 이 세상에 있는 수많은 돌처럼 평범한 돌멩이였다. 그러니 그 돌에 대해 길게 이야기하고 싶은 생각은 없다. 그 대신 어느 날 그 돌에게 생긴 일에 대해 말할 생각이다. 사실 그 일도 자주 볼 수 있는 흔한 일이기는 하다. 쉽게 볼 수 있는 일이라서 그런 일이 일어나고 있다는 것을 아무도 눈치 채지 못할 정도이니까.

어느 날, 돌은 간밤에 내린 비 때문에 축축해진 몸을 햇빛에 말리고 있었다. 옆에 있는 풀과 꽃들이 살랑대며 돌을 간지럽혔고, 돌 밑에서는 지렁이가 땅을 슬금슬금 파고 있었다. 돌은 모든 게 만족스러웠고 행복했다.

그런데 갑자기 누군가 천천히 다가오는 소리가 들리는 것 같더니 돌 위에 그림자가 드리워졌다. 뭔가 부시럭거리는 소리도 났다. 갑자기 사방이 조용해졌다. 햇빛도 사라졌다. 돌은 짜증이 나서 있는 힘을 다해 몸을 뒤척였다. 누군가 잠시 자기를 밟고 있어서 그럴 거라고 생각했지만 주변이 너무 캄캄해서 알 수가 없었다. 돌 옆에 있는 풀과 꽃들이 흥분하기 시작했다. 풀과 꽃들은 서로 낮은 소리로 뭔가 웅얼댔다. 그들에게 무슨 일이냐고 연거푸 물어 본 다음에야 돌은 겨우 상황을 파악할 수 있었다. 어떤 사람이 이상한 쓰레기를 넣은 비닐봉지를 돌 위에 버렸다는 것이었다.

'정말 짜증나는 일이야. 이제는 오랫동안 햇빛도 보지 못할 거야. 별도 보지 못하고, 달도 보지 못하고, 비가 와도 맞지 못할 거야.' 돌은 투덜대면서 괘씸한 비닐봉지가 들으라고 자꾸 잔기침을 했다.

물론 돌 옆에 있던 풀과 꽃의 상황은 더 안 좋았다. 그들은 햇빛을 받지도 못하고 비도 맞지 못해 곧 시들어 버릴 수밖에 없었다. 그래서 그들은 돌보다 더 흥분하면서 아우성쳤다. 한참 동안 몸부림친 결과 풀과 꽃은 고개를 옆으로 간신히 내밀 수 있었다. 풀과 꽃은 있는 힘을 다해 비닐봉지를 벗기려고 했다. 모두들 열심히 힘을 쏟느라 어떤 풀은 줄기가 꺾이고, 어떤 꽃은 봉오리가 떨어졌다. 그렇지

만 아무리 노력해도 상황을 바꾸기에는 힘이 부족했다. 비닐봉지는 도무지 꼼짝달싹도 하지 않았다.

'도저히 안 되겠어. 비닐봉지와 말을 좀 해 봐야겠어. 제발 떠나 달라고 사정할 테야. 도대체 무슨 볼일이 있어서 이 숲까지 온 거지?'

혼잣말을 하던 돌이 용기를 내 비닐봉지에게 말을 걸었다.

"저, 비닐봉지 님! 죄송합니다만 옆으로 조금만 비켜 주시겠어요? 비닐봉지 님 때문에 우리는 햇빛도 못 쬐고, 달빛도 못 보고, 비도 못 맞거든요."

그 말을 듣고 깜짝 놀란 비닐봉지는 숨을 길게 들이쉬었다. 그러자 몸이 크게 부풀어올랐다. 비닐봉지가 쉰 목소리로 말했다.

"누구세요?"

"네, 저는 비닐봉지 님 바로 밑에 있는 돌멩이입니다. 제 옆에 있는 풀과 꽃들도 저와 같은 생각이에요." 돌이 말했다.

"돌멩이 님, 정말 죄송합니다. 그렇지만 저도 어쩔 수 없어요. 저는 지난 이틀 동안 인간들이 쓸 물건들을 가득 담아 이곳저곳으로 열심히 옮겨 주었거든요. 그런데 손잡이 하나가 찢어지는 바람에 아무 짝에도 쓸모없는 신세가 되고 말았어요. 그러자 인간들이 제 몸에 쓰레기를 이렇게 잔뜩 넣어 여기에 버린 거예요. 말하자면 폐기

처분당한 거지요. 저도 인간들이 제 안에 집어넣은 종이나 깨진 그릇이나 음식물 찌꺼기와 같은 신세가 되어 버린 거예요. 저는 제 안에 있는 쓰레기와 함께 썩어 갈 테고, 세월이 많이 흐르면 언젠가는 흔적도 없이 사라지게 될 거예요. 그렇지만 그 전에는 어떤 도움도 드릴 수가 없네요. 제 발로 걸어다닐 수가 없거든요."

비닐봉지가 말했다.

비닐봉지는 미안한 마음을 표현하기 위해서인지 숨을 크게 들이쉬었다 내쉬었다를 반복했다. 돌은 비닐봉지의 대답을 순순히 받아들이고 싶지 않았다. 그렇지만 무슨 방법이 있겠는가? 자기 힘으로 비닐봉지를 밀어 낼 수도 없고, 비닐봉지가 아무리 노력한다고 하더라도 제 힘으로 움직일 수 없는 것은 분명한 사실이었다. 그래서 돌은 1년쯤 지나면 모든 것이 다시 괜찮아질 거라 생각하며 참기로 했다. 돌에게 1년은 사람에게 1분 정도밖에 되지 않는 지극히 짧은 시간이었다. 아직까지 돌멩이가 늙어서 죽었다는 말은 들어 본 적이 없으니까 말이다. 그러니까 돌들이 인내심이 많다고 하는 말도 틀린 말은 아니다.

당연한 이야기지만 풀과 꽃들은 시들거나 병이 들면서 슬픔에 잠긴 채 하나씩 죽어 갔다. 가을이 오고, 겨울이 되고, 다시 봄이 되었다. 그렇지만 풀과 꽃들은 다시 일어서지 못했다. 시든 줄기나 꽃잎이 시커멓게 변하더니 서서히 썩어 가다가 결국, 애초부터 있지도 않았던 것처럼 흔적도 없이 사라져 버렸다.

그렇게 해서 돌은 비닐봉지 밑에 혼자 남게 되었다. 시간이 많이 지나자 돌은 조금씩 조바심을 내기 시작했다.

"저, 비닐봉지 님! 벌써 1년이 지났어요. 그 사이 제 옆에 있던 풀과 꽃들은 죽어서 흔적도 없이 사라져 버렸고요. 그런데 당신에게는 아무 변화도 생기지 않은 것 같네요."

돌이 말했다.

"저도 그 이유를 모르겠어요."

비닐봉지가 푸념했다. 1년 전보다 더 피곤한 목소리였다.

"제 몸 안에 들어 있는 쓰레기들은 곰팡이가 생긴 종이 몇 조각만 남겨 두고 다 흙이 되어 버렸어요. 그렇지만 정작 저 자신은 옛날과 비교해 아무것도 달라진 게 없어요. 안에 아무것도 갖고 있지 않으니까 너무 외로워요. 저도 이제 그만 녹아 없어지고 싶어요. 그런데 쉽지가 않네요."

"정말 딱하군요. 도대체 이런 것을 누가 만들었는지 모르겠어요. 태어나서 겨우 이틀만 물건을 담아 주는 봉지로 살았을 뿐 그 다음

부터는 아무 쓸모도 없는 쓰레기가 되어 썩지도 않다니. 1년을 더 기다리는 수밖에 없어요."

다시 1년이 지나갔고 여러 해가 더 지나갔다. 비닐봉지는 숨을 들이쉴 때 조금 늘어지는 것만 빼고는 처음과 똑같았다. 그냥 그렇게 계속 비닐봉지로 남아 아무것도 없는 땅과 돌을 덮었다. 돌도 그 사이 크기가 약간 줄어들었다. 돌이 늙어 죽는다고는 말할 수 없어도 영원히 존재한다고 말하기는 어려울 것 같다. 돌도 아주 서서히 닳아 없어지기 때문이다.

돌이 말했다.

"저, 비닐봉지 님. 뭔가 이상해요. 옛날에 우리가 처음 인사를 한 이후 제 몸은 1그램 정도 줄어들었어요. 그렇지만 당신한테는 세월이 아무 흔적도 남겨 놓지 않은 것 같아요. 저는 평생 동안 당신 밑에서 시커먼 어둠만 보며 외롭게 지내고 싶지 않아요. 어떻게 해서든지 이 상황을 얼른 해결해 주세요. 비가 무엇이고, 바람은 어떻게 불고, 햇빛이 어떤 느낌을 주고, 제 주변에 있던 풀과 꽃들은 어떻게 자라나는지 어느새 까맣게 잊어버렸어요."

그렇지만 비닐봉지는 아무런 대답도 하지 않았다. 목이 너무 쉬어 이제는 말을 단 한 마디도 할 수 없었던 것이다. 설령 비닐봉지가 대답을 할 수 있다고 하더라도 어차피 아무 소용이 없었을 것이다. 해결할 길이 없었을 테니까.

    아직도 비닐봉지는 그 자리에 그대로 있다. 예전에는 풀과 꽃이 많았지만 이제는 아무것도 없는 시커먼 땅을 뒤덮은 채. '언젠가 햇빛을 보고, 비도 맞을 수 있게 되겠지.' 돌은 그렇게 생각하며 인내심 있게 기다리고 있다. 돌로 한평생을 보내려면 아직 시간은 충분히 남아 있으니까 괜찮다고 애써 위로하면서. 다만 돌은 비닐봉지가 혹시 자기보다 더 오래 살지나 않을까 걱정스러울 뿐이다.

고물 자동차들의 탈출

폐차장은 원래 모든 것이 황량하게 죽어 있는 것처럼 쓸쓸해 보인다. 그곳에서는 고장 나거나 오래된 자동차들이 여기저기 무리를 이룬 채 시간이 갈수록 더 녹슬어 간다. 폐차장의 밤은 묘지처럼 조용하지만 낮에는 시끌벅적 요란하다. 새로운 고물차들이 폐차장에 줄줄이 들어오면서 내는 소음 때문이다. 고물처리업자들은 부품이라도 몇 개 떼어서 팔려고 고물차들을 일정한 기간 동안 진열해 둔다. 그러다가 몇 주일 또는 몇 개월이 지나면 그것들을 커다란 기계에 넣고 찍어 눌러 납작하게 만들어 버린다. 그렇게 해서 고물 자동차는 작은 쇳덩어리가 되어 나오는 것이다.

어느 날, 폐차장에 소형 자동차 피아트가 들어왔다. 앞 범퍼가 움푹

찌그러졌고, 녹도 많이 슬어 있었다. 고물처리업자가 닳아 빠진 바퀴를 보며 불만스럽게 입맛을 다시고는 엔진과 양쪽 전조등을 떼어 냈다. 그런 다음 피아트를 고물 폴크스바겐과 벤츠 사이에 갖다 놓았다. 그렇게 해서 그곳에 외롭게 서 있게 된 피아트는 처량해진 신세를 생각하며 울음을 터뜨렸다. 앞 유리창에 줄줄 흘러내리는 눈물을 와이퍼로 연신 닦아 내야 할 정도로 눈물이 많이 나왔다.

피아트 옆에 있던 폴크스바겐이 잔기침을 하며 말을 걸었다.

"피아트, 너 왜 그렇게 우니?"

"난 별로 오래 살지도 않았어. 그런데 벌써 이런 고물 신세가 되어 버렸다는 게 너무 슬퍼. 단지 앞이 좀 찌그러지고 차 밑이 녹슨 것뿐인데 말이야. 얼마 전까지만 해도 난 젊고 힘이 좋다고 생각했었거든. 나도 내 몸에 있는 것들 가운데 몇 개 정도는 이미 낡았다고 인정해. 그렇지만 나머지는 정말 괜찮아. 흠집 하나 없는 앞 유리를 봐. 새것처럼 깨끗하잖아!" 피아트가 말했다.

"그거야 피아트의 앞 유리를 찾는 사람이 별로 없기 때문이지. 창고에도 그런 것은 얼마든지 많이 있어. 나 좀 봐. 난 앞 유리가 없어. 떼어다 팔면 잘 팔리거든. 다른 것들도 괜찮아. 그런데 사람들은 다른 것들은 안 떼어 가더군. 인간이란 정말 알 수 없는 존재야. 그나마 바퀴는 그대로 두었으니 다행이라고 생각해야겠지. 사람들이 바퀴도 잘 빼 가거든. 바퀴에 골이 깊게 패어 있으면 당장 떼어 가. 닳은 바퀴는 그냥 놓아 두고." 폴크스바겐이 말했다.

"난 어차피 엔진도 없으니 바퀴가 있어도 아무 소용없어."

피아트가 말한 다음 엔진을 몽땅 떼어 갔다는 것을 보여 주기 위해 엔진 뚜껑을 들어 보였다.

그러자 폴크스바겐도 목에 가래처럼 낀 녹을 뱉어 내기 위해 다시 잔기침을 한 다음 자신의 엔진 뚜껑을 열어 보였다.

"이 멋진 엔진 좀 봐! 부속들이 하나같이 다 멀쩡해. 파이프 네 개 중에 딱 하나만 막혀 있을 뿐이야. 단지 그 이유 때문에 난 여기로 끌려온 거야."

피아트가 깜짝 놀라며 쳐다보았다. 전조등이 아직 있었다면 깜빡거리며 놀라움을 표현했을 것이다.

"인간들은 우리를 한 10년 쓰다가 고장이 나면 수리비가 너무 많이 든다고 생각하거든. 그럼 우리는 고물 신세가 되어 버리는 거야. 전에는 그렇지 않았어. 그때는 회사에서 더 좋은 재료로 차를 만들었거든. 그래서 사람들이 차를 고쳐 쓰는 것이 더 낫다고 생각했기 때문에 20년을 끌고 다녀도 끄떡없었지." 폴크스바겐이 말했다.

"인간들은 정말 어리석어!" 피아트가 소리치며 후미등을 번쩍거리는 것으로 흥분을 표현했다. 후미등은 팔기 어려우니까 떼어 가지 않아서 그대로 남아 있었다.

"잘못은 자동차 회사에 있어. 자동차를 많이 팔아야 돈을 더 많이 벌 수 있잖아. 차를 더 많이 팔려면 차가 빨리빨리 사라져야겠지. 그리고 재료를 더 나쁜 것으로 쓰면 돈도 더 적게 들 테고." 폴크스바겐이 말했다.

갑자기 어디선가 낮게 부르릉거리는 소리가 났다. 벤츠도 하고 싶은 말이 있는 모양이었다. 벤츠는 말을 하기 전에 한동안 기침을 했다. 오랫동안 그곳에 있어서 그 사이 녹이 많이 슨 모양이었다.

"모든 회사들이 그런 것은 아냐." 벤츠가 어렵게 말을 이었다. "나를 봐. 최고의 재료로 만들어졌잖아!"

그러면서 벤츠는 자기가 얼마나 좋은 재료로 만들어졌는지 보여주려고 쇠를 툭툭 쳤다.

"그런데 넌 왜 여기에 와 있지?" 피아트가 물었다.

벤츠가 잠시 머뭇대다가 말했다.

"나도 파이프 하나가 막혀 있어. 그렇지만 나머지 다섯 개는 멀쩡해! 그것만 있어도 난 아직 잘 달릴 수 있어."

"너를 이곳으로 데려온 것은 정말 잘못한 것 같다."

피아트가 소리치며 다시 후미등을 번쩍거렸다.

"할 수 없지 뭐. 내 주인은 돈이 많은 부자였거든. 그래서 다시 새 차를 샀어. 우리 주인처럼 돈을 많이 갖고 있지 않은 사람은 나를 아예 포기해 버렸을 거야. 나를 굴리는 값도 만만치 않거든. 난 기름을 아주 많이 먹어야 달릴 수 있어." 벤츠가 말했다.

"정말 말도 안 돼! 우리는 모두 운이 없었어. 이런 곳에서 아무짝에도 쓸모없는 고물 취급을 받다니! 이곳에서 우리는 심심한 나날을 보내다가 녹이나 슬겠지. 1년만 지나면 우리는 정말로 형편없는 고물이 되고 말 거야."

"그런 걱정은 하지도 마. 그 전에 압축기에 들어가 버릴 테니까."

폴크스바겐이 말했다.

"어디로 들어간다고?"

피아트가 물었다.

"압축기. 압축기가 우리를 납작하게 눌러 버려. 그것으로 자동차 인생은 완전히 끝나 버리지." 폴크스바겐이 다시 말했다.

그 모습을 상상하던 피아트는 눈물이 줄줄 흘러내려 와이퍼를 다시 움직였다. 벤츠와 폴크스바겐이 그런 피아트를 애서 달래려고 했다. 벤츠는 피아트가 우는 모습을 보자 가슴이 아팠다. 물론 자기도 불쌍하다는 생각이 들었다. 형편없는 재료를 사용하는 자동차 회사를 생각하면 화가 치밀어 올랐다.

그때 폴크스바겐이 좋은 생각이 하나 떠올랐다고 말했다. 그는 피아트와 벤츠에게 무슨 말인가를 낮게 속삭였다. 피아트가 울음을 뚝 그치고 폴크스바겐의 말을 열심히 들었다. 벤츠가 이런저런 이유를 들며 반대했지만, 폴크스바겐은 벤츠를 끈질기게 설득했다. 그 모습을 지켜보고 있던 피아트는 새로운 희망이 솟아오르는 것을 느꼈다. 결국 벤츠도 찬성했다.

폐차장에 사람이 아무도 없는 고요한 밤, 벤츠는 생기를 되찾기 시작했다. 벤츠는 기침을 한 번 한 다음 부르릉거리는 소리를 내고 털털거리더니 아직 멀쩡한 다섯 개의 파이프를 이용해 시동을 걸었다. 엔진 소리가 시끄러웠지만 다행히 폐차장에는 아무도 없었다. 벤츠는 다른 고물 자동차 앞을 지나 컴컴하고 황량한 폐차장을 가로질러 입구 쪽으로 향했다. 그곳에서 엔진을 시끄럽게 울리고는 가스를 힘껏 내뿜으면서 가속페달을 밟았다. 출입문이 우지끈 소리를 내며 부서지자 길이 훤하게 뚫렸다. 몸에 긁힌 자국이 깊게 생긴 벤츠는 진저리를 치며 부르릉거렸다. 비록 녹슬어 가고는 있었지만 그렇다고 해서 그런 자국이 몸에 생기는 것이 달가울 리는 없었다. 벤츠는 다시 차들이 서 있는 곳으로 돌아갔다. 폴크스바겐이 벤츠의 뒤를 따랐고, 그 뒤를 피아트가 따라붙었다. 벤츠가 다시 힘겹게 움직였다.

자동차 세 대가 어두운 밤길을 떠났다. 모두들 전조등이 없었기 때문에 대단히 위험한 질주를 했다. 굽은 길을 돌 때 피아트는 폴크스바겐을 놓치지 않기 위해 정신을 바짝 차려야만 했다. 구덩이에 빠질 뻔한 적도 여러 번 있었다. 폴크스바겐은 바로 앞에서 지독한 냄새를 내뿜는 벤츠 때문에 숨이 막혔다.

"넌 꼭 이렇게 매연을 내뿜어야만 하니?"

폴크스바겐이 벤츠의 엔진 소리 때문에 목이 터져라 외쳤다.

"부릉 부릉 부릉~." 벤츠가 소리쳤다. "난 몸집이 커서 그래. 기름을 많이 먹으니까 나오는 것도 많지."

그러면서 벤츠는 자기가 강하고 빠르다는 것을 보여 주기 위해 시커먼 매연을 내뿜으며 힘차게 앞으로 달렸다.

갑자기 급제동이 걸리고, 바퀴에서 듣기 싫은 소리가 나더니 '덜컥' 하며 벤츠가 멈춰 섰다. 하마터면 폴크스바겐은 벤츠를 들이받을 뻔했다. 피아트는 너무 놀라 뒤뚱거리다가 구덩이에 빠졌다. 그 일로 몸에 큰 상처가 난 피아트가 신음 소리를 토해 냈다.

"도대체 무슨 일이야?"

폴크스바겐이 배기가스를 내뿜으며 신경질적으로 외쳤다.

"뭔가 우리 앞을 가로질러 갔어. 아마 사슴인 것 같아. 전조등이 없어서 제대로 보지는 못했지만."

벤츠가 말했다.

정말 사슴이었다. 사슴은 놀랐는지 온몸을 부들부들 떨다가 자동차들이 있는 곳으로 다가왔다.

"좀 천천히 다니면 안 되니? 해마다 너희 같은 자동차들 때문에 우리 사슴들이 수천 마리나 억울하게 죽는단 말이야."

"미안해. 그렇지만 어차피 도로는 차가 다니라고 만들어 놓은 거야. 그러니까 너희들이 각자 알아서 조심해야지." 벤츠가 말했다.

사슴이 고개를 세차게 가로저었다.

"어떻게 그런 말을 할 수 있지? 이 도로는 원래 우리가 살던 숲이었어. 그런데 길이 뚫리고부터 숲에서 나쁜 냄새가 났고, 우리는 하루 종일 시끄러운 소음을 참아 내야만 했어. 그러다가 자동차에 치여 죽기도 했는데, 이제 와서 모든 것이 다 우리 잘못이라니."

사슴이 화난 얼굴로 자동차를 노려보다가 천천히 숲 속으로 사라졌다.

"바보 같은 사슴! 도대체 기술의 발전에 대해서는 아는 것이 없잖아." 벤츠가 말했다.

"사실 사슴의 말이 맞아. 내가 아는 어떤 포드는 어린아이를 친 적이 있었어. 그 사건이 있은 다음 그 차는 너무 놀라고 슬퍼서 스스로 엔진을 꺼 버리고 폐차장으로 들어갔지. 자동차로 살아간다는 것이 너무 싫어졌기 때문이야." 폴크스바겐이 벤츠의 말에 반박하며 말했다.

"우리도 어쩔 수 없어." 벤츠가 말하며 고집스럽게 시동을 걸었다. "어차피 우리는 인간들이 만든 제품일 뿐이야. 사람들이 우리를 엉성하게 만들어 놓았다는 것은 우리도 잘 아는 사실이야. 바로 그 이유 때문에 우리가 이렇게 길을 떠난 거잖아."

그러자 폴크스바겐이 말했다.

"나도 폐차장으로 돌아가고 싶은 생각은 없어. 그렇지만 자동차로 살아가야 하는 우리의 인생을 생각하면 지금까지보다 훨씬 많은 문제들을 고민해야 돼. 네 배기가스부터 생각해 봐. 거기에서 얼마나 많은 매연이 쏟아져 나오는지 말이야."

기분이 나빠진 벤츠는 덜덜거리기는 했지만, 더 이상 대꾸하지 않았다. 대신 가엾은 피아트를 구덩이에서 끌어냈다. 그리고 운전을 계속했다.

다음 날 아침, 자동차 공장 앞에 자동차 세 대가 나란히 늘어섰다. 전날 폴크스바겐이 폐차장에서 생각해 낸 것이 바로 자동차 회사 사장을 찾아가 더 좋은 차를 만들어 줄 것을 요구하자는 것이었다. 폴크스바겐과 피아트, 벤츠는 자기들의 고장 난 몸을 직접 고칠 생각이었다. 그리고 자신들이 밤새 그곳까지 달려오면서 새롭게 갖게 된 생각들을 인간들에게도 알리고 싶었다. 그들은 구호를 쓴 커다란 종이를 앞 유리에 붙여 놓았다. 제일 앞에 선 벤츠의 앞 유리에는 이런 구호가 붙어 있었다.

"사장과의 면담을 요구한다!"

그리고 한쪽 옆면에는 이런 구호를 붙여 놓았다.

"난 아직 고철이 아니다!"

바로 뒤를 이어 폴크스바겐이 현수막을 높이 들었다.

"자동차만 잡아먹지 말고, 좀 더 나은 품질의 자동차를 만들어라!"

이 말을 생각해 내느라고 폴크스바겐은 한 시간 동안 골치를 앓았었다. 시위를 하려면 적어도 그 정도의 구호는 들고 가야 할 것 같았기 때문이다.

제일 끝에는 후미등을 깜빡이며 흥분하는 피아트가 섰다. 사슴과 포드에게 치였다는 어린아이 생각을 한 피아트는 "찻길 안전 대책을 세워라!"라는 말을 적었다.

그런 구호들을 붙여 놓고 벤츠가 굵고 낮은 소리를 냈고, 피아트는 최대한 시끄럽게 경적을 울려 댔다. 폴크스바겐은 아무 소리도 내지 못했다. 배터리가 다 닳았기 때문이다.

공장 앞에는 공장을 지키던 직원 몇 명이 서 있었다. 직원들은 자동차들이 줄을 지어 굴러오는 것을 보고 눈이 휘둥그레졌다. 잠시 꼼짝도 하지 않고 가만히 서 있던 직원들은 얼른 출입문을 닫고 여기저기 전화를 거느라 야단법석을 피웠다. 한참 동안 아무 일도 일어나지 않았다. 유니폼을 입은 몇몇 남자들이 공장의 창문을 통해 밖에 서 있는 자동차들을 물끄러미 쳐다보았다. 어떤 사람들은 끼리끼리 모여 큰 소리로 떠들며 웃어 댔다. 멀리 눈부시게 깨끗한 새 차들이 서 있는 것이 보였다. 그들도 벤츠와 폴크스바겐과 피아트를 쳐다보았다. 어떤 차들은 전조등을 비추며 손짓을 하기도 했다.

피아트는 점점 두려운 생각이 들었다.

고물 자동차들의 탈출 43

"그만 돌아가는 것이 좋지 않을까?" 피아트가 속삭이며 물었다.

"절대로 안 가! 오히려 우리가 문을 부수고 안으로 들어가는 것이 좋을 것 같아." 폴크스바겐이 말했다.

벤츠가 대답하려고 했지만 미처 그럴 틈이 없었다. 세 대의 자동차 뒤에서 갑자기 엔진 소리가 요란하게 났다. 뒤를 돌아보자 크레인을 싣고 달려오는 커다란 트럭이 보였다.

폴크스바겐이 소리쳤다.

"겁쟁이들! 우리를 잡아가려고 온 거야. 우리를 다시 폐차장에 갖다 놓으려고 하는 거야. 절대로 갈 수 없어!"

이제는 벤츠도 흥분하기 시작했다. 벤츠는 요란한 굉음을 내며 공장과 트럭 사이를 이리저리 휘젓고 다녔다. 너무 흥분한 나머지 벤츠는 하마터면 피아트를 놓칠 뻔도 했다. 다행히 폴크스바겐이 붙잡아 주어서 큰일은 일어나지 않았다. 자칫 잘못했더라면 지그재그로 이리저리 쏠려 다니던 피아트는 친구들과 완전히 헤어질 뻔했던 것이다. 벤츠는 속력을 높였다. 그렇게 해서 그들은 별다른 문제 없이 시골길로 사라질 수 있었다. 그날 이후 이 고물 자동차 세 대를 본 사람은 아무도 없었다.

초콜릿 토끼 인형들의 꿈

초콜릿 공장에서 일한다고 하면 부러워하는 사람도 있을 것이다. 하루 종일 맛있는 것을 다루니까 가끔 집어먹기도 한다고 생각할 테니 말이다. 그렇지만 초콜릿은 감자와 비슷하다. 날마다 먹으면 별로 특별한 맛을 느끼지 못하게 된다는 점에서 그렇다. 오히려 그것을 싫어할 수도 있다.

  이 글에서 소개하려고 하는 스미스 부인은 초콜릿을 보기만 해도 속이 거북한 사람이다. 30년째 초콜릿 공장에서 일을 하는데, 일을 하면서 가끔씩 초콜릿을 집어먹는 짓은 벌써 오래전부터 하지 않는다.

스미스 부인은 공장에서 일하는 게 별로 즐겁지 않다. 사실 좋아서 일을 한 적은 한 번도 없었다. 그런데도 30년 전부터 매일 똑같은 일을 해 오고 있다. 스미스 부인이 맡은 일은 초콜릿으로 만든 작은 인형들이 기계에서 찍혀 나오면 종이로 포장하는 일이다. 사실 포장도 기계가 알아서 하지만 기계에 종이가 충분히 있는지 점검하는 것은 스미스 부인의 일이다. 쉬운 일처럼 들리겠지만 기계가 아주 빠른 속도로 돌아가기 때문에 기계에 종이가 늘 준비되어 있게 하려면 정신없이 일해야만 한다. 그렇게 일을 많이 하다 보니 저녁이 되면 온몸이 녹초가 되는 것은 무척이나 당연하다.

어느 날 퇴근 무렵, 스미스 부인은 기계 앞에서 그만 깜빡 잠이 들고 말았다. 졸음을 참지 못해 눈이 저절로 감겼던 것이다. 그는 옆에서 무슨 일이 일어나는지 알지도 못한 채 의자에 앉아 깊은 잠에 빠져들었다. 기계는 종이가 떨어지니까 더 이상 작동하지 않았다. 기계 앞에는 벌거벗은 초콜릿 인형들이 수북이 쌓여 갔다. 다른 직원들은 이미 집으로 돌아갔는데, 잠이 든 스미스 부인은 퇴근 시간이 지났다는 것도 알아채지 못했다. 계속 잠을 자던 스미스 부인은 한밤중에 뭔가 손을 툭 건드리는 것을 느끼고 화들짝 깨어났다.

자다가 깨어난 스미스 부인은 처음에는 자기가 어디에 있는지 몰라 얼떨떨했다. 캄캄한 공장에서는 아무 소리도 들리지 않았다. 으

스스했다.

스미스 부인은 불을 켜고 주변을 살폈다. 왼쪽을 보고, 오른쪽도 보고, 앞도 보고, 뒤도 보고, 눈을 비벼 보고, 머리를 긁적이고, 통증이 느껴질 때까지 발을 꼬집어도 보았다. 꿈을 꾸고 있는 것 같지는 않았다. 그런데 눈앞에서 굉장한 일이 벌어지고 있었다. 100개, 아니 150개쯤 되어 보이는 벌거벗은 초콜릿 인형들이 야단법석을 떨고 있었던 것이다. 인형들은 흥분해서 이리저리 날뛰면서 큰 소리로 말하기도 하고, 서로 귓속말을 나누기도 했다.

시간이 한참 지난 다음, 한 인형이 앞으로 나서더니 날카로운 목소리로 스미스 부인에게 말했다.

"잠을 깨워서 죄송해요. 그런데 아주머니가 주무시는 바람에 기계가 우리를 포장해 주지 않았어요. 그래서 모두들 이렇게 추위에 떨고 있답니다. 우리는 어떤 옷을 입게 될지 정말 궁금했어요. 그래서 다시 기계를 돌려 달라고 부탁하고 싶었던 거예요."

"너 말 참 잘하는구나."

스미스 부인이 말하면서 다시 한번 다리를 꼬집었다. 아직도 스미스 부인은 모든 것이 꿈이기를 바랐다.

"너 진짜 말 잘한다. 그렇지만 오늘 밤에는 어려워. 내일 아침까지 기다려야 해. 내일 아침에는 내가 예쁜 옷을 입은 부활절 토끼 인형으로 만들어 줄게. 초콜릿 토끼 말이야."

"모두들 들었니? 우리를 부활절 토끼 인형으로 만들어 준대. 초콜릿 토끼 말이야." 작은 초콜닛 인형이 큰 소리로 외쳤다.

벌거벗은 초콜릿 인형들이 흥분하며 웅성거렸다.

"부활절 토끼, 그것 참 괜찮겠다. 하얀 털옷에 빨간색으로 목에 띠를 두르면 정말 멋있을 거야."

"난 파란색 토끼가 되어야지."

"갈색 털옷을 입으면 안 될까? 거기에다가 꼬리는 하얀색, 목은 초록색으로 하면 예쁘지 않을까?"

"난 부활절 토끼는 되고 싶지 않아. 좀 색다른 것은 될 수 없을까?"

스미스 부인이 웃으며 말했다.

"너희들 지금 무슨 말을 하고 있는 거니? 너희는 지금 공장에 있는 거야. 여기에서는 너희들이 뭐가 되고 싶어 하든 상관없이 그냥 척척 상품으로 만들어지는 거야. 그래서 모두 똑같은 종이로 포장되는 거지. 좀 더 자세하게 말해 줄게. 모두들 목에 빨간색 띠를 두르고, 얼굴은 활짝 웃는 황금색 부활절 토끼가 되는 거야. 그렇게 해 놓으면 모두 똑같아 보이지! 그것이 너희들 마음에 들지 않는다고 하더라도 어쩔 수 없어."

작은 초콜릿 인형들이 심각한 표정을 지었다.

"그럼, 우리 모두 똑같은 모양이 될 거라고요? 그리고 계속 웃고 있어야만 된다고요? 기분이 울적해서 목에 빨간 띠를 두른 황금 토끼가 되고 싶지 않을 때는 어떻게 하지요?"

"그래도 너희들은 웃고 있어야만 해. 사람들은 너희들이 어떤 감정을 느끼고 있든, 무슨 생각을 하든 전혀 관심이 없으니까. 그냥 너희들을 포장한 종이만 보게 되거든." 스미스 부인이 말했다.

그러자 벌거벗은 초콜릿 인형들은 포장 기계에 들어가 옷을 입고 싶은 생각이 추호도 없다고 했다.

"모두 똑같아 보인다면 정말 너무 재미없어요."

"너희들이 내 말을 똑바로 이해했는지 잘 모르겠다. 그렇지만 얘들아, 여긴 공장이야. 기분이나 감정 따위는 아무도 신경 쓰지 않아. 일을 빨리빨리 하는 것만 중요하지. 사장은 너희들의 기분 따위는 신경 쓰지 않거든. 너희들을 팔아서 돈을 벌기에만 급급하니까. 더 잘 팔릴 수 있게 하기 위해 너희들은 날마다 웃는 얼굴을 하고 있어야 하는 거야. 찡그리고 있는 토끼 인형을 누가 사겠니? 그리고 회사는 돈을 더 많이 벌기 위해 너희들을 값싸고 간단한 옷으로 포장하는 거야. 모두 똑같은 종이로 포장하면 돈을 적게 들이면서도 아주 쉽게 일을 할 수 있거든."

"인간들은 그런 걸 그냥 참고 지낸다는 말이에요?"

스미스 부인 바로 앞에 서 있던 초콜릿이 물었다.

"그러니까 내 말은 항상 똑같은 부활절 토끼를 만지면서 일하는 것이 지겹지도 않냐는 거예요!"

스미스 부인이 말했다.

"사실, 너희들 말이 맞아. 그렇지만 부활절 토끼는 원래 다 그렇게 생겼으니까. 물론 그런 것을 별로 좋아하지 않는 사람들이 있기는 해. 그래서 우리 친척 아저씨는 부활절 달걀을 당신이 손수 그려서 만드시지. 아주 화려하게 말이야."

"우리는 왜 그렇게 될 수 없는 거죠? 왜 우리는 입고 싶은 옷을 직접 고를 수 없는 거냐고요?"

스미스 부인 뒤에 서 있던 인형이 수줍은 듯 조심스럽게 말했다.

"이 공장에도 우리를 서로 다르게 만들 수 있는 물건들이 얼마든지 많이 있을 텐데 말이에요."

정말 힘들게 찾아보지 않아도 그런 물건들이 많았다. 초콜릿 인형들

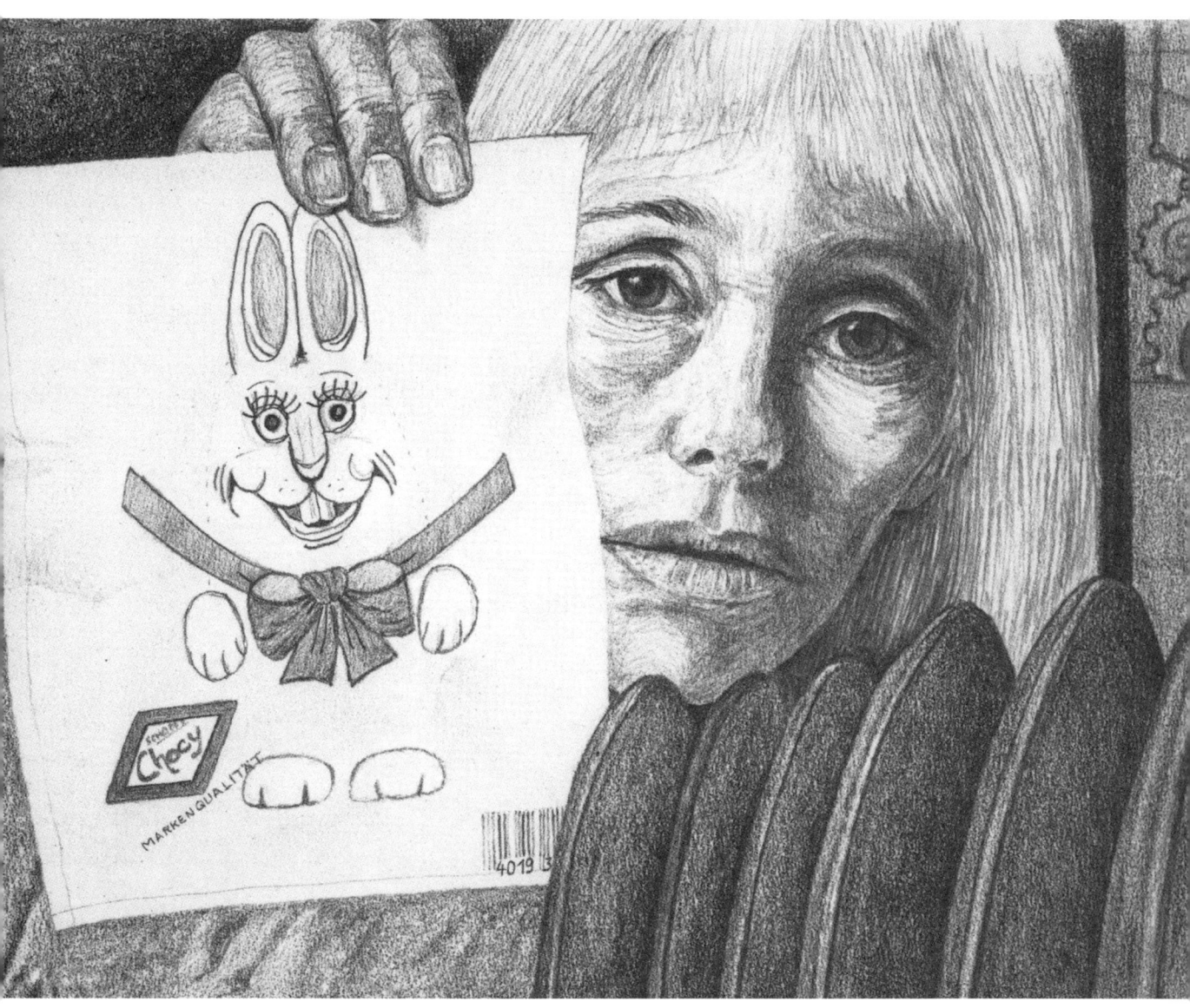

초콜릿 토끼 인형들의 꿈 51

은 공장 안을 이리저리 날뛰며 헝겊 조각이나 종이 조각을 몸에 걸쳤다. 그리고 서로 빨간색, 녹색, 흰색 설탕물을 몸에 칠해 주었다. 반죽으로 모자와 신발도 만들었다. 그리고 얼굴에는 술을 조금 발라 솜을 붙여 수염을 만들기도 했다. 급기야 초콜릿 인형들은 부활절 토끼가 아니라 해적처럼 보였다.

스미스 부인이 작은 손거울을 바닥에 내려놓자 모두들 자기 얼굴을 들여다보면서 낄낄거렸다. 제일 큰 소리를 내며 웃는 인형은 술통에 빠져 몸이 끈적끈적해졌고, 지독한 술 냄새를 풍기기도 했다. 그 인형은 술에 취해 비틀거리며 제대로 서지도 못했다. 스미스 부인이 환하게 웃고 있는 부활절 토끼 그림이 그려져 있는 황금색 포장지를 들어서 보여 주자, 모두들 깔깔대며 웃었다. 너무 웃는 바람에 그 작은 배가 아파 쩔쩔 매면서도 계속 웃어 댔다.

차츰 날이 밝아 오고 있었다.

"모두 잘 들어 보렴. 너희가 이렇게 하고 있는 것을 사장이 보면 별로 좋아하지 않을 거야. 사장보다는 내 손자들이 너희들을 더 잘 돌볼 것 같구나."

스미스 부인은 이렇게 말한 다음 커다란 상자를 가져와 작은 초콜릿 인형들을 하나씩 담았다. 결국 술통에 빠졌던 인형만 남게 되었다. 다시 술통에 기어오르려고 하는 그 인형을 스미스 부인이 간신히 붙잡았다. 그런 다음 스미스 부인은 조심스럽게 상자를 안고 새벽녘에 공장을 나섰다.

바람에 날아간 장군의 모자

옛날에 나이가 많고, 머리가 하얗게 센 어부가 살았다. 그는 재미있는 이야기를 많이 알고 있었다. 사람들은 그의 허풍스러운 이야기를 듣는 것을 좋아하기는 했지만 믿지는 않았다.

어느 날 어부가 사람들에게 모자 이야기를 들려 주었다. 멀리서 볼 때는 파란색이 많이 보이지만 가까이서 보면 회색과 빛 바랜 금색 띠가 눈에 더 잘 띄는 모자였다. 어부는 낡고 더러운 그 모자가 어느 날 자기를 찾아왔다고 했다.

원래 그것은 어느 해군 장교가 쓰고 다니던 모자였다. 어부는 그 모자의 주인이 장군이었다고 했다. 옛날에는 자부심도 강하고, 대단히 거만스러운 모자였다. 장군의 모자는 아무나 쓰고 다니는 모자가 아니니까 당연히 그럴 만도 했다. 적어도 하루에 한 번은 솔로 먼지를 털어 주고, 저녁에는 반드시 상자 안에 넣어 보관했다. 모두들 그 것을 달걀처럼 조심스럽게 다루었다. 그래서 그 모자는 보통 모자처럼 찌그러지는 일도, 먼지가 묻는 일도 없었다. 낮에는 언제나 머릿기름을 바르고 깨끗하게 손질한 장군의 짧은 머리 위에 올라가 있었다.

그런데 바로 그 머릿기름 때문에 문제가 생겼다. 언제부터인가 모자는 날마다 맡는 머릿기름 냄새가 역겨워지기 시작했다. 처음에는 무척 고급스러운 냄새라고 생각하며 좋아했다. 그렇지만 머릿기름 냄새가 배자 다른 냄새는 하나도 맡을 수 없게 된 것이 모자는 너무 싫었다. 그러다 보니 허구한 날 사람들이 모자에 솔질을 하고, 상자 속에 집어넣어 주는 것도 짜증스러웠다.

"장군의 모자로 지내는 것이 아주 멋진 일이기는 해. 그렇지만 다른 한편으론 너무 심심해." 어느 날 모자가 혼잣말을 했다.

모자는 친구를 찾아봐야겠다고 생각했다. 가끔은 다른 장군들의 모자와 함께 한 줄로 늘어서 있을 때도 있었다. 그렇지만 그것은 아무 소용없는 짓이었다. 서로 말도 하지 못한 채 입을 꽉 다물고 가만히 있어야만 하는 신세였기 때문이다. 모름지기 장군의 모자니까 점잖은 체면에 마음대로 떠들 수도 없는 노릇이었다.

장군의 모자 주변에는 더러운 철모가 많았다. 그렇지만 장군의 모자가 철모들과 이야기를 나눈다는 것은 있을 수 없는 일이었다. 철모들도 장군의 모자와 이야기를 나누고 싶은 생각이 전혀 없는 것처럼 보였다. 오히려 그 반대였다. 그들은 장군과 장군의 모자에 대해 불만이 많았다. 장군이 명령을 내릴 때마다 철모들에게는 귀찮은 일이 생겼다. 장군이 "출동!"을 외치면 군인들은 먼지를 자욱이 뒤집어쓰며 따가운 햇볕 아래에서 행진해야만 했고, 그럴 때마다 철모들은 뜨겁게 달궈졌다. 그리고 장군이 "쉬어!"라고 소리치면, 군인들은 땅에 철퍼덕 주저앉으며 철모를 집어던졌다. 그럴 때마다 철모는 몸에 상처가 나거나 더러워졌다.

그래서 철모들은 깨끗하고 멋진 장군의 모자를 보면 화가 치밀어 올랐다. 어느 누구도 장군의 모자와 친하게 지내려고 하지 않았다.

어느 날, 우연히 장군의 모자가 다른 모자와 사귈 수 있는 기회가 찾아왔다. 장군의 모자는 다른 장군들이 쓰는 멋진 모자들과 함께 옷걸이에 걸려 있었다. 머릿기름 냄새가 나는 모자들은 모두 거만했고, 자기들이 대단히 고급스러운 모자라는 것을 자랑이라도 하려는 듯 뽐냈다. 먼지 한 점 보이지 않았고, 귀퉁이도 구겨지지 않았다. 그들은 보통 사람들이 흔히 머리에 쓰고 다니는 것처럼 지저분한 모자가 아니었다.

갑자기 누군가 큰 소리를 내며 요란하게 재채기를 했다. 다른 모자들이 헛기침을 하며 소리가 나는 쪽을 쳐다보았다. 털모자였다. 울긋불긋한 털실로 짠 약간 낡은 털모자가 옷걸이에 걸려 있었다.

"미안해! 썰매를 타러 나갔다가 감기에 걸렸어."

털모자가 말했다. 다른 모자들은 혹시 자기도 감기에 걸리는 건 아닐까 싶어서 숨도 제대로 쉬지 않았다. 모두들 짜증을 내며 털모자와 조금이라도 멀리 떨어지려고 했다. 고급스러운 중절모는 근엄한 자세를 그대로 유지하기가 어려웠는지 평소보다 더 까맣게 변했다. 평소 친구를 사귀고 싶어 했던 장군의 모자만 털모자에게 말을 걸었다.

"여기는 어떻게 왔지?"

"나를 쓰고 다니던 남자애가 깜빡 잊고 나를 여기에 놓고 갔어. 그렇지만 걱정은 안 해. 곧 찾으러 올 테니까."

털모자가 말했다.

"만약 내 주인이 나를 잊어버리고 갔다면 난 안절부절 못했을 거야." 장군의 모자가 말했다.

"하하, 그래? 뭐 그런 것 가지고." 털모자가 웃으며 말했다. "너같

바람에 날아간 장군의 모자 59

이 생긴 모자는 처음이야. 세상에 너희들처럼 빳빳한 모자가 있다는 말은 한 번도 들어 본 적이 없어."

"털모자와 우리는 근본적으로 다르지!"

장군의 모자 뒤에서 어떤 모자가 큰 소리로 말했다. 중절모도 언짢아하며 크게 헛기침을 했다.

"너희들은 도대체 왜 그렇게 빳빳하게 하고 있니?"

털모자가 모자들을 휙 둘러보며 물었다.

"그리고 왜 그렇게 깨끗한 거야? 일은 전혀 안 하나 보지? 썰매를 탄 적도 없어? 스키는? 자전거는 타 봤니? 바람에 날아간 적도 없고? 더러운 곳에 빠진 적도 없어? 주인의 기분이 아주 좋으면 너희들을 허공에 던지거나, 화가 났을 때 땅에 내팽개치지도 않나 보지? 밤에는 옷장 구석에 집어 던져지거나 엉망진창으로 더러운 곳에 쑤셔 박힌 적도 없나 보지? 어떻게 하면 그렇게 얼굴이 창백하고 깨끗할 수 있지? 그리고 웬 머릿기름 냄새가 이렇게 많이 나는 거야?"

중절모와 고급스러운 모자들은 그런 질문에 대답하는 것이 자신의 체면을 깎는 짓이라고 생각했다. 그리고 다른 장군의 모자들은 털모자를 가리키며 지금껏 살아오면서 그렇게 무식한 모자는 처음 보았다고 말했다. 털모자가 몸을 제대로 가누지도 못한 채 흐느적거리는 것도 웃음거리였다. 도대체 일정한 틀이 잡혀 있지 않았다. 더구나 말까지 거침없이 하는 털모자에게 멋진 모자들은 눈길도 주지 않기로 했다.

장군의 모자는 털모자와 이야기를 계속 나누고 싶었지만 그럴 용기가 나지 않았다. 솔직히 그렇게 하면 체면이 많이 깎일 것 같았다. 장군의 모자니까. 물론 자기의 그런 처지가 별로 마음에 들지는 않았지만.

더구나 더러운 털모자는 땀 냄새를 물씬 풍겼다. 머릿기름 냄새만큼 지독하지는 않지만 어쨌든 고약하기는 마찬가지였다. 그리고 몸이 전체적으로 건강하고 따뜻해 보였지만 자세히 보면 구석구석 비듬도 많았다.

장군의 모자로서 누릴 수 있는 특혜는 많았다. 밤에 혼자서 상자를 독차지하는 것도 그런 특혜 가운데 하나였다. 물론 긴 어둠 속에서 누군가 곁에 있으면 좋겠다고 생각할 때도 많았다. 어쨌든 낮에는 장군의 머리 위에 앉아 다른 모자들의 부러움을 살 수 있었다. 털모자는 그런 시선을 절대로 받지 못할 것 같았다.

그러나 차츰 장군의 모자는 자기 생각이 틀릴지도 모른다는 생각이 슬며시 들었다. 분명히 누군가는 털모자를 부러워할 것 같았다.

장군의 모자도 속으로는 털모자와 역할을 바꿔 보고 싶은 생각이 있었다. 그렇게 해서 장군의 머리와 머릿기름과 온갖 귀찮은 짓들을 다 포기하고 싶었다.

오랫동안 장군의 모자는 고민했다. 고민은 장군의 머리 위에 앉아 집으로 가면서도 계속됐다. 그날 밤, 바람이 거세게 불었다. 장군은 시간이 너무 늦었기 때문에 급히 뛰어갔다. 그러다가 갑자기 뒤뚱하는 바람에 하마터면 웅덩이에 빠질 뻔했다. 그 순간 장군의 머리에서 벗겨진 모자는 땅에 떨어질 듯하면서 어두운 허공 속으로 날아갔다. 장군이 열심히 뒤쫓아갔지만 끝내 모자를 잡지 못했다.

그렇게 해서 머리가 하얗게 센 할아버지 어부의 손에 장군의 모자가 걸려들게 되었다는 것이다. 어부는 모자를 사랑스러운 눈길로 쳐다보며 살짝 쓰다듬어 준 다음, 바다와 바람과 소금 냄새가 나는 자신의 백발 위에 얹었다.

고슴도치는 왜 가시가 생겼을까?

혹시 고슴도치 몸에 왜 가시가 나 있는지 궁금하게 생각하는 사람은 없을까? 고슴도치들은 벌써 수천 년 전부터 등에 가시를 짊어진 채 살아가고 있다. 그런데 그보다 더 먼 옛날, 고슴도치의 몸에 가시가 나지 않아 다른 동물들처럼 맨살로 돌아다니던 시절이 있었다.

아주아주 오래전 옛날에 꼬마 고슴도치 한 마리가 살고 있었다. 태어날 때는 다른 고슴도치들과 마찬가지로 정상이었지만, 시간이 지나도 그 꼬마 고슴도치의 키는 태어날 때와 똑같았다. 겁이 너무 많았기 때문이다. 뒤에서 다른 고슴도치가 살짝 건드리기만 해도 그는 깜짝 놀라 기절했고, 5분쯤 지날 때까지도 온몸을 부들부들 떨었다. 이를 잘 알고 있는 다른 고슴도치들은 꼬마 고슴도치를 더 자주 놀렸다. 어느 날, 꼬마 고슴도치가 모처럼 기분이 좋아 가만히 있는데 누군가 뒤에서 갑자기 소리쳤다.

"조심해, 네 뒤에 여우가 있어!"

여우를 제일 무서워했던 꼬마 고슴도치는 큰 충격을 받아 하루 종일 옴짝달싹 못했다. 그렇게 겁이 많으니 키가 자라지 않는 것은 당연한 일이었다.

그런데 꼬마 고슴도치에게는 그것보다 더 큰 걱정거리가 있었다. 꼬마 고슴도치가 꽤 영리하고 나이도 먹을 만큼 먹었는데도 다른 고슴도치들은 전혀 그렇게 생각하지 않는다는 점이었다. 키도 작고, 잘 놀라니까 다른 고슴도치들은 그를 진짜 고슴도치로 대하지도 않았다. 그래서 그는 친구도 없이 늘 혼자 외톨이로 지내야만 했다.

그렇지만 그것도 별로 큰 문제는 아니었다.

그것보다도 더 안 좋은 것은 늘 외톨이로 지내니까 다른 고슴도치들보다 적이 훨씬 많다는 점이었다. 꼬마 고슴도치는 새만 봐도 피해 다녔다. 밤에 여우가 뒤따라와도 아무도 그에게 위험을 알려 주지 않았다. 그래서 그는 언제나 안전한 곳을 찾아 잠을 잤다. 그러던 어느 가을날, 꼬마 고슴도치는 가시가 많은 알밤 껍질 조각을 우연히 발견하고, 그 밑에 누워 잠이 들었다. 키가 아주 작았기 때문에 그

것으로도 충분히 몸을 숨길 수 있었다.

어느 날, 꼬마 고슴도치가 숲에서 놀고 있을 때 갑자기 커다란 그림자가 드리워졌다. 큰 새가 날아온 것이다. 깜짝 놀란 꼬마 고슴도치는 펄쩍 뛰어 길가로 몸을 숨겼다. 꼬마 고슴도치는 데굴데굴 구르면서 새를 피해 정신없이 도망쳤다. 그러다가 가시가 돋친 밤 껍질 밑으로 들어가 겨우 위기를 모면했다. 그곳에서 그는 이틀 동안 부들부들 떨었다. 그리고 목숨이 붙어 있는 한 밤 껍질을 절대로 벗지 않기로 작정했다.

그런 일을 겪은 다음부터 꼬마 고슴도치는 밖으로 나갈 때면 늘 등에 밤 껍질을 지고 다녔다. 그렇게 하자 더 이상 무서울 것이 없었다. 심지어 여우도 그를 건드릴 생각을 하지 않았다. 날카로운 가시에 주둥이만 찔리기 때문이었다. 고슴도치는 더 이상 놀라지 않았고, 태어나서 처음으로 마음 편하게 살았다. 마음이 편해지니까 키도 쑥쑥 자랐다. 그리고 등에 지고 다니는 밤 껍질도 그와 함께 자랐다. 그것은 어느새 꼬마 고슴도치 몸의 일부분이 되었다. 그렇게 해서 그는 지금 우리가 알고 있는 모습의 진짜 고슴도치가 되었다.

등에 난 가시들을 보고 비웃는 고슴도치도 있었지만 시간이 지나자 오히려 부러워하는 고슴도치들이 더 많았다. 가시만 있으면 천하

무적이기 때문이었다. 몸이 다 자란 큰 고슴도치들은 꼬마 고슴도치를 따라할 수 없었지만, 아기 고슴도치들은 가시가 돋친 밤 껍질을 등에 지고 다녔다. 그렇게 하지 않는 고슴도치는 여우에게 금방 물려 갔다. 대부분의 고슴도치들에게 가시가 생기자 여우는 무척 화를 냈다. 맛있는 고슴도치를 더 이상 잡아먹을 수 없게 되었기 때문이다.

그렇게 해서 모든 고슴도치의 몸에 가시가 생기게 되었다. 아주 오랜 옛날, 꼬마 고슴도치가 살았던 시절 이후부터 고슴도치의 몸에 가시가 조금씩 돋아나기 시작했다. 나중에는 아기 고슴도치들이 태어날 때부터 가시를 갖고 태어났기 때문에, 이제는 굳이 밤 껍질을 등에 지고 다니지 않아도 되었다. 그렇다고 고슴도치들이 몸에 가시가 나 있는 것을 좋아한다고 생각하면 착각이다. 등에 가시가 있어서 가는 데마다 자꾸 걸렸다. 그 때문에 고슴도치들은 몸에 그런 것이 아예 나오지 않으면 더 좋았을 거라고, 가시갑옷이 없어도 마음 편히 살아갈 수 있다면 더 좋을 거라고 생각한다. 그렇지만 아직까지 그것은 단지 희망사항일 뿐이다.

강아지, 고양이와 결혼하다

개와 고양이 사이를 앙숙이라고 단언한다면 그것은 좀 지나친 표현이다. 물론 개와 고양이가 서로 잘 어울리지 못하는 것은 사실이다.

고양이를 좋아했던 어떤 강아지도 그것을 몸소 겪었다. 그것을 알게 되기까지 강아지는 많은 시간이 필요했고, 그것을 스스로 인정하기까지 역시 시간이 오래 걸렸다. 그리고 강아지가 고양이에게 말을 걸기까지는 훨씬 더 많은 시간이 걸렸다. 바로 옆집에 살아서 날마다 서로 얼굴을 보며 지내는 사이였지만 말이다. 강아지는 마음만 내키면 언제든지 돌아다닐 수 있는 큰 정원이 딸린 집에서 살았다. 별로 불편한 것이 없는 집이었다. 다만 늘 혼자 지내야만 한다는 것이 문제였다. 정원에 나가도 집 밖이 보이지 않았고, 개가 지나가도 볼 수 없었다. 가끔 다른 개가 짖는 소리를 들었을 뿐이다. 강아지에게는 무척 심심하고 지루한 생활이었다. 그래서 강아지는 구석구석까지 모든 것을 잘 알고 있는 정원에서 무척 외롭게 지냈다.

그런데 어느 날, 바로 옆집에 고양이가 살고 있다는 것을 알아냈다. 처음에는 개가 아니라서 함께 놀지 못할 것 같아 무척 실망했다. 그렇지만 시간이 흐를수록 아무도 없는 것보다는 고양이라도 있어서 다행이라는 생각이 들었다. 강아지는 날마다 고양이를 그리워했고, 고양이를 만나서 말도 하고, 같이 놀고 싶어 했다. 강아지는 꿈에서까지 고양이를 보았다. 하지만 불행하게도 그런 호감은 지극히 일방적인 것이었다. 고양이는 강아지를 놀려 주는 것을 그 무엇보다 좋아했다. 고양이는 가끔 창가에 앉아 있다가, 자기가 보고 싶어서 불쌍한 얼굴로 쳐다보고 있는 강아지에게 무서운 표정을 지어 보이곤 했다.

가끔 비가 올 때 고양이는 물을 첨벙거려 강아지 쪽으로 물이 튀게 했다. 그렇게 하면 강아지는 몸이 더러워져 다른 식구들에게 야단을 맞았다. 제일 안 좋은 장난은 생쥐를 이용하는 것이었다. 강아지는 생쥐만 보면 기겁을 하며 무서워했다. 고양이가 그것을 알아채고, 꾸벅꾸벅 졸면서 고양이 꿈을 꾸고 있는 강아지에게 살아 있는 생쥐를 던져 주곤 했다. 그러면 강아지는 깜짝 놀라 적어도 2미터 정도 펄쩍 뛰어올랐다가 집 안으로 도망치곤 했다. 고양이는 그런 강아지를 보고 뒤로 벌렁 드러누워 깔깔대며 웃었다.

사정이 그렇다 보니 강아지는 나날이 시무룩해져 갔다.

그러던 어느 날, 모든 것이 바뀌었다. 이웃집 정원에서 작게 신음하는 소리가 나는 것을 듣고 강아지가 얼른 울타리 쪽으로 달려가 보았다. 고양이가 몸을 잔뜩 구부린 채 지하실 창문 앞에 앉아 있었다. 창문이 갑자기 닫히면서 꼬리가 창문 틈에 끼여 옴짝달싹할 수 없었기 때문이었다. 강아지는 고양이가 다시 고약한 장난을 치지 않을까 걱정되었지만 그래도 도와 주고 싶었다. 아직까지도 강아지는 그날 자기가 어떻게 그 높은 울타리를 넘을 수 있었는지 이해하지 못한다. 아마도 생쥐가 수백 마리 달려오고 있다는 생각을 하며 그렇게 했을 것 같다. 어쨌든 그는 담을 넘어 고양이에게 달려갔다. 그리고 힘껏 창문을 밀었다. 하지만 몸이 자유로워진 고양이는 고맙다는 인사도 없이 집 안으로 쏙 들어가 버렸다. 강아지는 혼자서 자기 집으로 건너갈 궁리를 해야만 했다.

두 시간쯤 지난 다음 고양이가 다시 나타나 강아지를 불렀다. 당황해서 얼굴이 새빨개진 강아지는, 고양이가 고맙다는 인사를 할 때조차 아무 말도 하지 못했다. 한참 만에 강아지는 간신히 앞으로 친구가 되어 서로 약올리지 말고 잘 지내자는 말을 했다. 고양이는 생쥐 생각을 하면서 묘한 미소를 지었다. 그리고 자기는 태어날 때부터 남을 약올리는 것을 좋아하지만, 그래도 친구로 지내자는 강아지의 제안을 받아들이겠다고 했다. 그렇게 해서 그들은 서로 친해지게 되었고, 나중에는 결혼까지 했다.

어쩌면 그들이 결혼한 것은 당연한 일이라고 생각할 수도 있지만, 사실 그것은 엄청나게 큰 파장을 불러일으킨 대사건이었다. 온 시내에 사는 개와 고양이들이 아무리 기억을 더듬어 봐도 개와 고양이가 결혼식을 올렸다는 말은 아직 한 번도 들어 본 적이 없었기 때문이다. 사실 그들은 서로 어울려 노는 것도 쉽지 않은 사이가 아니었던가? 개들 가운데 떠돌이 개들만 고양이를 몰래 만나 어울리는 것이 현실이었다. 물론 그런 고양이들은 집도 없이 떠도는 길고양이들이었다. 그렇게 만난 떠돌이 개와 길고양이들은 인간에게 항의 표시를 할 때면 행동을 같이하곤 했다. 예를 들면, 개가 자동차에 치어 죽으면 떠돌이 개들이 밤새 자동차 옆에 똥을 누었고, 길고양이들은 앞발로 차를 긁었다. 가끔 그들은 시내에 있는 고급 식당 앞에 함께 똥을 누자는 약속을 하기도 했다. 그렇지만 그들도 개와 고양이가 결혼식을 올렸다는 이야기는 아직 들어 본 적이 없었다.

강아지와 고양이가 결혼한다는 소식이 알려지자 개와 고양이들은 특별 회의를 소집했다. 그렇게 해서 시내에 사는 개와 고양이들이 모두 한자리에 모여 회의를 열게 되었다. 인간들에게는 그 모임을 절대 비밀로 하기로 했다. 개와 고양이의 회의에서 가장 심하게 비난을 받은 대상이 바로 인간들이었기 때문이다. 풀밭이 점점 사라지는 것, 도로가 날이 갈수록 위험해지는 것, 떠돌이 개들이 먹을 것이 부족하다는 점 등이 비난의 주된 이유였다. 그러나 그런 문제는 그 자리에서 길게 논의되지 않았다.

한밤중에 강아지는 몰래 집을 빠져나와 개들이 회의를 열고 있는 곳으로 갔다. 회의장은 외딴 곳에 자리한 공장터였다. 같은 시각 그곳과 정반대되는 곳에서는 고양이들이 회의를 열었다. 회의장에 도착하자 강아지는 가슴이 콩닥콩닥 뛰었다. 공장터에서는 시내에 살고 있는 개들이 거의 다 모여 조용히 움직였다. 맨 앞줄에는 대표들이 앉아 있었는데, 바로 그 앞으로 강아지가 나가야만 했다. 대표들 자리 중 한가운데에는 집 지키는 개의 대표 자격으로 베른하르디너가 애써 졸음을 물리치며 앉아 있었다. 이제는 게으르고 몸도 둔해졌지만 베른하르디너는 한때 아주 튼튼한 개였다. 그래도 그는 현명

하다는 평판을 받아 많은 개들로부터 의장으로 추대되었다. 그의 오른쪽에는 작은 흰색 푸들이 머리에 분홍색 끈을 두른 채 예쁘게 머리 단장을 하고 나와 있었다. 애완견의 대표로 나온 푸들은 거만한 표정으로 주변을 살폈고, 베른하르디너 왼쪽 옆에 있는 개를 보고 얼굴을 찡그렸다. 그곳에는 떠돌이 개의 대표가 나와 털을 긁거나 가끔 바닥에 침을 뱉기도 하고 실없는 웃음을 흘리기도 했다. 대표들 옆에는 별로 착해 보이지 않는 셰퍼드 두 마리가 떡 버티고 서 있었다. 그들은 그날의 회의가 비밀리에 열리기 때문에 모든 것이 조용하게 진행되도록 촉각을 곤두세웠다.

셰퍼드가 강아지에게 대표들 앞으로 나와 자기 소개와 사건의 진상을 밝힐 것을 명령했다. 강아지는 말을 잘하려고 연습도 많이 했는데 막상 그 자리에 서자 생각나는 것이 별로 없어서 간단히 말했다. 그동안 너무 외로웠다는 것, 어느 날 문득 고양이를 알게 되어 사랑을 느끼게 되었다는 것, 단지 자기가 강아지이고 상대가 고양이라는 이유로 사랑을 하면 안 된다는 말은 받아들이기 어렵다는 것 등에 대해서 말이다. 강아지는 가장 중요한 것은 서로 잘 이해하고, 상대를 좋아하는 것 아니냐고 묻기도 했다.

말을 다 끝내고 나서도 강아지는 쉽게 흥분이 가라앉지 않았다.

강아지, 고양이와 결혼하다 77

그리고 두려운 표정으로 결정을 기다렸다. 회의장에 있던 개들이 웅성댔다. 제일 앞자리에 앉아 있던 늙은 베른하르디너는 그 사이에 잠이 든 것 같았다. 떠돌이 개 대표는 조금 전보다 더 크게 입을 벌리며 징그럽게 웃었다. 애완견 대표 푸들은 질색하며 진저리쳤다. 지나치게 흥분해서 금방이라도 기절할 것처럼 보였다. 겨우 마음을 진정시킨 푸들이 먼저 말을 꺼냈다.

"고양이라니! 말도 안 돼요! 개가 어떻게 고양이와 어울릴 수 있어요? 고양이들이 얼마나 못됐는데. 그들은 틈만 나면 우리를 괴롭히잖아요. 아마 결혼을 하자는 말 뒤에는 뭔가 흑심이 있을 거예요. 그렇기 때문에 우리는 이 결혼을 반대해야 해요! 결혼식은 절대로 안 돼요!"

흥분한 푸들의 목소리가 떨렸다. 다른 애완견들도 그 말에 동의하며 시끄럽게 짖어 댔다. 그들은 셰퍼드가 질서를 유지하기 위해 으르렁대자 그제야 겨우 조용해졌다. 다음에는 떠돌이 개 대표가 앞으로 나섰다.

"어이 친구들! 고양이들이 우리를 괴롭히는 것은 사실이오. 그렇지만 우리도 고양이를 괴롭히는 것은 마찬가지잖소? 그렇게 장난치면 얼마나 재미있는데……."

떠돌이 개 대표가 징그럽게 웃으며 바닥에 침을 탁 뱉고는 말을 이었다.

"애완견들이 너무 곱게 자라서 고양이들과 어울려 노는 법을 모른다면 그것은 순전히 그들의 문제요. 애완견들이 어려운 일이 있으면 혼자서 해결하지 못하고 낑낑대며 인간들에게 달려가는 것도 다 자기들 잘못입니다. 호감이 가는 상대에게 사랑을 느끼는 것은 당연한 일이지요. 그렇기 때문에 애완견이 아닌 다른 개라면 얼마든지 고양이에게 사랑의 감정을 느낄 수 있는 거요. 그래서 내 생각에는 굳이 그런 문제에 대해 왈가왈부하지 말고 결혼식이나 잘 치러 주는 게 좋을 것 같소. 결혼식 올리는 날 시내에 사는 고양이와 개를 다 초대해서 성대한 잔치를 벌이자는 거요."

떠돌이 개 대표가 점잖게 말했을 거라고 생각하면 착각이다. 애완견 대표로 나온 푸들은 그의 말을 듣다가 화를 내며 노발대발하다가 결국 기절하고 말았다. 공장 안에 개 짖는 소리가 요란하게 울려 퍼졌다. 세퍼드가 없었다면 서로 치고받는 싸움까지 벌어질 뻔했다.

만약 사람들이 그 모습을 보고 달려와 소리라도 쳤다면 완전히 아수라장이 되었을 것이다.

시간이 지나면서 흥분을 가라앉힌 개들은 베른하르디너의 결론을 듣기 위해 귀를 쫑긋이 세우고 기다렸다. 베른하르디너는 여전히 졸린 듯 눈을 몇 번 끔뻑이더니 말을 꺼냈다. 그는 옛날에는 인간들이 별로 없었고 고양이와 개가 자유롭게 살았다는 것, 그러나 이 모든 것이 세월이 지나면서 많이 변했다는 것 등에 대해 말했다.

"하지만 오늘날에는 우리가 오히려 인간에게 의존하며 살고 있지. 결정은 인간이 내리고, 우리는 그것에 복종하게 되었어. 물론 그것을 좋아하는 개들도 있지. 그런 개들은 우리 동족이 사람들이 모는 자동차에 얼마나 많이 치여 죽었거나 다쳤는지 따위를 생각하지도 않고 사람들과 함께 자동차를 타고 다녀. 어떤 개들은 동물이라기보다는 차라리 인간에 더 가깝게 행동하지. 밥도 인간처럼 먹고, 잠도 인간처럼 자거든. 그들은 자기 자신도 동물이라는 것을 잊고 다른 동물들을 오히려 적으로 대해. 그것은 별로 좋은 태도가 아냐. 우리 동물들은 똘똘 뭉쳐야 해. 그리고 다른 동물들을 괴롭히지 말아야 해. 결국, 나는 개가 사람이 사는 집 안에서 순한 자식처럼 살아가는 것보다는 개와 고양이가 결혼해서 사는 것이 더 낫다고 생각해."

그날 밤 개들은 많은 이야기를 했다. 특히 애완견들은 자기들이 집중 공격을 받았다는 생각에 불쾌해하면서 베른하르디너의 생각을 케케묵은 구식이라고 몰아붙였다. 결국 서로가 원하더라도 개가 고양이나 다른 동물과 결혼하는 것을 허락할 것인지 말 것인지에 대해 투표로 결정하기로 했다. 애완견들은 일제히 반대했다. 그러나 떠돌이 개들과 집 지키는 개들이 찬성해서 결혼해도 좋다는 결론이 났다. 강아지는 안심하고 집으로 돌아갔고, 나중에 고양이를 만나 기쁜 소식을 들었다. 고양이들의 회의에서도 개들의 회의에서와 같은 결론이 내려졌다는 것이었다.

다음 날부터 결혼식 준비가 시작되었다. 장소는 폐허가 된 공장터로 정해졌고, 모든 것은 비밀리에 진행되었다. 준비 과정은 아주 힘들었다. 길고양이와 떠돌이 개들이 결혼식 준비를 같이 하기 위해 양측 집행부에 연락을 하며 바쁘게 움직였다. 음식은 집 지키는 개들과 집에서 사는 고양이들이 맡았다. 각자 집에서 신선한 고기와 우유를 갖고 나오기로 했다. 떠돌이 개들도 시내의 도살장에서 맛있는 뼈를 몇 개 구해 오겠다고 했다. 그런 것은 역시 그들이 전문가였다.

음악은 길고양이들이 맡았다. 노래를 부를 줄 아는 고양이와 떠돌이 개들이 함께 모여 연습을 했다. 그렇지만 음색이 전혀 달랐기 때문에 화음이 전혀 맞지 않았고, 떠돌이 개들은 박자가 너무 빨랐다.

결국 그들은 결혼식 때는 각자 떨어져 노래를 부르다가 손님들이 흥이 났을 때 함께 노래를 부르기로 했다. 모든 것이 완벽하게 준비됐다.

그런데 결혼식을 올리기 전날 저녁, 사정이 확 바뀌었다. 공장터에 고양이와 개 대표들이 모였다. 애완견과 애완 고양이의 대표는 그 자리에 나타나지 않았다. 떠돌이 개가 놀라운 소식을 전했다. 그는 며칠 동안 의심이 가는 애완견과 애완 고양이의 뒤를 추적했다면서 이렇게 말했다.

"사흘 전에 양쪽 대표들이 서로 만났어. 둘 다 예민한 코로 상대의 냄새를 맡지 않기 위해 향수와 화장품을 잔뜩 바른 채 나타났지. 그 냄새 생각만 하면 아직도 속이 거북해."

떠돌이 개가 얼굴을 찡그리며 말을 계속했다.

"그들은 고양이와 개들이 한자리에 모이는 것을 어떤 식으로든 막기로 했어. 특히 애완견 대표가 그렇게 주장했지. 그는 '우리들 모두의 친구인 인간들'의 도움을 받아 결혼식을 망치겠다고 했어. 그들은 결혼식이 거행되기 직전에 이곳으로 사람들을 유인해서 우리가 큰일을 벌이고 있다는 것을 들키게 하려는 속셈이야."

떠돌이 개와 길고양이들은 그 소식을 듣고 몹시 흥분했다. 베른하르디너도 큰 충격을 받았는지 더 이상 졸지 않았다. 떠돌이 개들이 애완견들을 공격하기 위해 거리로 뛰쳐나가려는 것을 셰퍼드가 겨우 말렸다. 길고양이와 떠돌이 개들은 앞으로 서로 괴롭히지 않기로 하고, 대신 애완견과 애완 고양이들을 보면 더러운 것을 던져 그들을 지저분하게 만들자고 했다.

결국 공장에 모인 개들은 애완견과 애완 고양이를 개와 고양이의 모임에서 탈퇴시키기로 결정했다.

"그들은 우리 동물들을 이간질하고 있어. 그렇지만 우리는 평화를 지켜야 해. 그동안 우리는 공동의 문제를 함께 토론하고 해결책을 찾아 왔어. 누구나 자기의 의견을 말할 수 있었지. 누구든 상대의 말을 들어 주었고, 아무것도 금지하지 않았어. 그렇지만 우리를 인간들에게 일러바치는 짓은 도저히 용납할 수 없어. 인간들은 우리가 이렇게 모임을 갖는 것을 원하지 않을 거야. 더구나 그들은 강아지와 고양이가 결혼하는 것을 허락하지 않을지도 몰라. 그러니까 결혼식은 적당한 비밀 장소를 다시 찾아내 그곳에서 치르기로 하자." 베른하르디너가 말했다.

그런 다음 베른하르디너와 그와 나이가 비슷한 할머니 고양이가 고양이의 대표 자격으로 강아지가 있는 집으로 갔다. 베른하르디너는 캄캄한 정원으로 몰래 들어가면서 거친 숨을 몰아쉬었다. 안으로 들어가 기침 소리를 작게 세 번 내자, 잠에서 깬 강아지가 살그머니 밖으로 나왔다.

"어서 네 신부를 불러오너라!" 베른하르디너가 말했다. 깜짝 놀란 강아지는 베른하르디너를 쳐다보며 더럭 겁을 냈다. 잠시 후 고양이가 울타리를 넘어왔다. 강아지가 죽을 힘을 다해 뛰어넘었던 바로 그 울타리였다.

"너희들 서로 무척 사랑하지?" 할머니 고양이가 물었다.

어린 고양이와 강아지는 어리둥절해하며 고개를 끄덕였다.

"그럼, 내가 이 자리에서 너희가 결혼했다는 것을 선언하는 것으로 결혼식은 끝난 거야." 할머니 고양이가 말했다.

"어떤 녀석이 인간들에게 일러바치는 바람에 잔치는 무기한 연기 됐어. 그렇지만 너희들은 이제 결혼식을 올린 거야. 앞으로 행복하게 잘 살아라."

그런 다음 할머니 고양이와 베른하르디너는 돌아갔다.

강아지가 고양이를 물끄러미 쳐다보았다.

"좀 더 멋있고, 화려한 결혼식을 올려 주고 싶었어." 강아지가 말

강아지, 고양이와 결혼하다 85

했다.

"이게 뭐 어때서?" 고양이가 물었다.

"저기 하늘 좀 봐. 보름달이 떴고, 별도 많이 떴어. 멋있고 화려하지?"

고양이는 보름달을 향해 '야옹' 하고 소리를 질렀다. 그동안 수없이 많이 해 본 소리지만 이번에는 그 어느 때보다도 즐겁고 행복하게 들렸다. 고양이의 소리에 이미 익숙해 있던 강아지는 고양이가 무척 행복해하는 것을 느낄 수 있었다. 강아지는 활짝 웃으며 고양이의 털에 얼굴을 비볐다.

하얀 까마귀

어느 작은 마을에 까마귀 한 마리가 살고 있었다. 그 까마귀는 보통 까마귀와 달랐다. 다른 새들보다 힘이 더 세서 마치 왕처럼 행세했다. 그의 몸은 다른 까마귀들처럼 까만색이 아니라 흰색이었다. 왜 그의 깃털이 흰색인지 그 이유는 아무도 몰랐다. 그냥 털이 하얗다는 이유만으로 그는 특별한 새 취급을 받았다. 다른 새들은 모든 것을 그에게 양보해야만 했다. 통통한 알곡, 단물이 많이 들어 있는 과일, 살찐 지렁이들을 모두 그에게 갖다 바쳤고, 그가 배가 터지도록 많이 먹고 잠이 들면 잠을 깨우지 않기 위해 모두 조용히 있어야만 했다. 말 그대로 그는 왕이었다.

어쩌다가 어떤 새가 공손한 태도를 보이지 않고 시끄럽게 울거나 통통한 지렁이를 먼저 먹어 치우면, 하얀 까마귀는 그 새를 날카로운 부리로 쪼았다. 아니면 며칠 동안 새장에 가둬 놓기도 했다. 옛날에 왕이 그랬던 것처럼 말이다.

겨울에 양식이 부속하면 어린 새들은 굶주림을 참고 지내야만 했다. 특히 참새들이 고생을 제일 많이 했다. 덩치가 크고 하얀 까마귀가 참새들을 특히 성가시게 생각했기 때문이다. 하얀 까마귀는 참새들이 먹어야 할 모이를 거의 다 빼앗아 먹었다. 그리고 사람들이 갖다 놓는 모이통에서 모이를 마음껏 주워 먹어 날마다 통통해져 갔다. 어린 새들은 하얀 까마귀가 허겁지겁 먹다가 주둥이에서 가끔 떨어뜨리는 알곡을 받아먹었다. 한마디로 말해서 어린 새들과 참새들은 그 하얀 까마귀와 별로 행복하게 지내지 못했다. 못된 왕을 모시고 지내야 하는 인간들과 사정이 다를 바 없었다. 그렇지만 어느 날 큰 변화가 생겼다.

길고 추운 겨울을 지내면서 참새들은 하얀 까마귀를 계속 왕처럼 대접하면서 지낼 수는 없다는 생각이 슬며시 들었다. 모두들 몸이 빼빼 말라 어쩌다 알곡이 하나 떨어져도 제대로 물지도 못할 지경이었다. 그래서 새들은 어떻게든 대책을 세워야겠다고 생각했다. 참새들이 모두 한자리에 모여 대책을 의논했고, 만장일치로 결정을 내렸다. 까마귀에게 한번 본때를 보여 주기로 한 것이다.

"모이통에서 모이를 주워 먹을 때 까마귀는 옆에서 무슨 일이 일어나는지도 모르고 정신없이 먹기만 해. 그래서 고양이나 인간이 가까이 다가오는 것도 알아채지 못하지. 그런 짓은 우리에게 맡겨 놓고 자기는 먹는 것에만 정신이 팔려 있어. 만약에 우리가 한꺼번에 다 날아가 버리면 위험에 처해 있다는 것을 금방 알아채겠지만, 우리가 날아가지 않고 가만히 있으면 자신이 위험하다는 것을 뒤늦게 깨닫게 될 거야."

참새들이 말했다.

이튿날부터 그들은 늘 해 왔던 것을 하지 않기로 했다. 왕은 배가 터지도록 먹고, 왕을 돌보는 어린 새들은 왕을 위해 굶주림을 참는 일을 더 이상 되풀이하지 않기로 한 것이다. 그것이 참새들이 내린 결정이었다. 그렇지만 그 결정은 참새들에게도 위험 부담이 큰 일이었다. 모두들 조금씩 겁을 냈고, 특히 막내 참새는 추위와 두려움으로 온몸을 부들부들 떨면서 말했다.

"난 못 하겠어. 난 못 해."

그렇지만 막내 참새도 모두가 함께 내린 결정에 따를 수밖에 없었다. 다른 참새들이 그를 설득하며 이렇게 말했다.

"정 무서우면 머리를 깃털에 파묻어. 그렇게 하고 있으면 아무것도 보이지 않으니까 무섭지 않을 거야."

운명의 순간이 다가왔다. 참새들이 모두 모이통 주변에 내려앉았다. 그리고 벌벌 떨면서 하얀 까마귀가 모이통 안에서 배가 터져라 곡식을 쪼아 먹는 것을 지켜보았다. 하얀 까마귀는 쉬지 않고 계속 꾸역꾸역 먹어 댔다.

그때 누군가 다가오는 소리가 들렸다. 모이통에 새 모이를 담아 주려고 어떤 소녀가 걸어오고 있었다. 사실 참새들에게는 별로 위험스러운 상황이 아니었다. 그렇지만 그런 사정을 모르는 참새들은 사람만 나타나면 화들짝 놀라며 옆에 있는 나무로 날아가서 하얀 까마귀에게 위험을 알려 주곤 했다. 그러나 그날은 그렇게 하지 않았다. 하얀 까마귀가 아무것도 눈치 채지 못하도록 소녀를 흘깃 쳐다보았을 뿐, 평소보다 몸을 더 많이 떨면서도 가만히 앉아 있었다. 막내 참새는 너무 무서워서 주둥이가 저절로 덜덜 떨렸다. 하마터면 하얀 까마귀에게 위험스러운 상황이라는 것을 알려 줄 뻔했다. 그래서 옆에 있는 참새가 막내 참새를 툭 건드렸고, 막내 참새는 얼른 머리를 깃털 속에 박았다.

하얀 까마귀는 먹는 것에 정신이 팔려 아무것도 보거나 듣지 못했다. 여자아이가 가까이 다가와 소리치자 비로소 정신을 차리고 주변을 살폈다.

"날아가 버려! 이 욕심쟁이 까마귀야!"

이 사건으로 큰 충격을 받은 하얀 까마귀는 주둥이에 물고 있던 알곡을 떨어뜨리고 소녀를 쳐다보았다. 그런 다음 너무 많이 먹어 뚱뚱한 몸으로 날개를 퍼덕이며 모이통 밖으로 날아갔다. 그러다가 나뭇가지에 부딪힐 뻔도 했다. 간신히 덤불로 날아간 하얀 까마귀는 조금 전에 참새들이 벌벌 떨었던 것처럼 몸을 떨었다. 갑자기 속이 거북해졌다. 다른 왕들처럼 흥분하면 아무것도 소화시키지 못하기 때문이었다.

참새들도 하얀 까마귀가 도망친 다음 급히 옆에 있는 나무 위로 날아갔다. 소녀가 모이통에 모이를 새로 채워 주었다. 모이통 옆에 남아 있는 새는 딱 한 마리뿐이었다. 두려움 때문에 머리를 깃털 속에 파묻은 채 곁에서 무슨 일이 일어나고 있는지 전혀 눈치 채지 못하고 있던 막내 참새였다. 막내 참새는 소녀가 떠나고 한참 지났지만 계속 고개를 들지 못하고 있었다. 심지어 다른 참새들이 가까이 날아와 모이를 쪼아 먹을 때까지도 그렇게 하고 있었다.

덤불로 날아간 하얀 까마귀는 분을 삭이지 못하고 씩씩거렸다. 참새들이 파 놓은 함정에 빠졌다는 것을 뒤늦게 알아챘기 때문이다. 생각 같아서는 당장 날아가 복수하고 싶었지만 그렇게 하기는 어려웠다. 너무 놀라서 몸이 제대로 말을 듣지 않았고 속도 여전히 거북했기 때문이다. 그래서 모이통에서 배가 불룩하도록 모이를 쪼아 먹고 있는 참새들을 지켜보면서 있는 힘을 다해 큰 소리로 외쳤다.

"너희들 곧 후회하게 될 거야! 각오나 하고 있어! 이 숲의 왕이 누구인지 내일 내가 똑똑히 가르쳐 주지! 머리를 깃털 속에 박고 있는 저 참새가 너희들의 대장이겠지? 그 녀석 용기 한번 좋더군! 사람이 가까이 왔는데도 도망치지 않다니! 그렇지만 내일 내가 그 녀석을 주둥이로 쪼아 주겠어! 이 숲에서 누구 힘이 제일 센지 내일이면 모두 알게 될 거야!"

하얀 까마귀는 하루 종일 그렇게 소리쳤고, 참새들은 날이 어두워지자 둥지로 날아갔다. 하얀 까마귀가 주둥이로 쪼아 주겠다고 벼른 막내 참새는 어찌나 두려웠는지 둥지에 바짝 엎드린 채 주둥이만 밖으로 내밀고 덜덜 떨었다.

"이제 난 어떻게 해? 내일 어떻게 까마귀를 피하지? 어디에 숨지?" 막내 참새가 걱정스레 물었다.

"진정해! 우리가 도와줄게. 우리가 까마귀를 멀리 내쫓아 버릴 거야. 다시는 오지 못하게 말이야. 모이를 다 가로채고, 우리를 협박하는 그런 왕은 필요 없어." 친구 참새가 말했다.

다른 참새들도 모두 그렇게 생각했다. 그들은 영리한 참새답게 계획을 철저하게 잘 세웠다.

다음 날 아침, 참새들이 사방으로 흩어졌다. 막내 참새는 몇몇 친구들과 함께 전봇대 위에 자리를 잡고 앉았다.

"까마귀는 네가 자기를 피해 도망쳤을 거라고 생각할 거야."

친구들이 막내 참새에게 말했다.

"그래서 오늘은 네가 숨을 만한 곳을 다 뒤지고 다닐 거야. 그렇지만 여기 이렇게 올라와 있으니까 우리를 보지는 못하겠지. 많이 무서우면 머리를 깃털 속에 박고 있어."

잠시 후 까마귀가 나타나 그들 옆을 스쳐 지나갈 때 막내 참새는 친구들이 시키는 대로 했다.

커다란 하얀 까마귀는 막내 참새를 잡아 혼쭐을 내기 위해 숨을 만한 곳을 다 뒤지고 다녔다. 먼저 교회 종탑으로 가서 물었다.

"종탑아, 혹시 막내 참새가 여기에 숨어 있지 않니? 맛있는 벌레를 잡았는데 막내에게 갖다 주고 싶거든."

교회 종탑이 대답했다.

"새 한 마리가 숨어 있기는 한데 막내 참새인지는 모르겠어. 위에서 두 번째 창문 안을 들여다보면 있을 거야."

까마귀는 허겁지겁 그쪽으로 날아가 참새가 있는 것을 보고 소리쳤다.

"찾았다! 너는 이제 끝났어!"

그러나 그것은 막내 참새가 아니었다. 그래서 까마귀는 다시 막내 참새를 찾아다녀야만 했다. 종탑 속에 있던 참새는 그 꼴을 보고 한참 동안 웃었다.

하얀 까마귀가 이번에는 나무에게 물었다. 그러자 나무도 참새가 숨어 있는 곳을 가르쳐 주었다. 그렇지만 그 참새 역시 막내 참새가 아니었다. 까마귀가 물어 보기만 하면 모두들 참새가 숨어 있는 곳을 알려 주었지만 정작 찾으려는 막내 참새는 번번이 그곳에 없었다. 까마귀는 점점 화가 나 목이 터져라 꽥꽥대며 이리저리 날아다녔다. 다 늦은 저녁이 되었을 때 까마귀가 지붕에게 물었다.

"나, 그 막내 참새를 봤어. 저기 굴뚝 위에 하루 종일 앉아 있던데?" 지붕이 말했다.

"거기 있었구나."

까마귀가 말한 다음 굴뚝으로 날아가 굴뚝 안을 내려다보았다. 그렇지만 참새는 보이지 않았다. 까마귀는 계속 몸을 안으로 기울이며 아래를 쳐다보았다. 그러다가 그만 굴뚝 속에 빠지고 말았다. 그 안에서 하얀 까마귀는 정신없이 날갯짓을 했고, 온몸에 그을음을 뒤집어써서 온통 새까맣게 되었다. 그렇지만 굴뚝 밖으로 나올 수가 없었다.

어느덧 해가 지고 있었다. 참새들이 모두 굴뚝으로 날아왔다. 마지막으로 막내 참새가 날아와 굴뚝 가장자리에 내려앉았다.

"그 안에 있으니까 기분이 어때?"

막내 참새가 까마귀에게 물었다.

"건방진 놈! 어서 당장 나를 꺼내 줘!"

하얀 까마귀가 쉰 목소리로 외쳤다.

"앞으로 우리를 괴롭히지 않고, 오늘 당장 이 마을을 떠나겠다고 약속하면 그렇게 해 주지."

"알았어, 그렇게 할게. 숨도 못 쉬겠어, 어서 꺼내 줘!"

까마귀가 가쁜 숨을 토해 내며 말했다.

그 말을 들은 참새들이 까마귀를 굴뚝에서 꺼내 주었다. 까마귀의 꼴은 형편없었다. 하얀 깃털은 그을음이 잔뜩 묻어 숯덩이처럼 변해 있었다. 다른 보통 까마귀처럼. 먼지를 많이 먹고, 충격을 받아 몸을 제대로 가누지 못하게 된 까마귀 주변에는 참새 수백 마리가 모여들어 그를 날카로운 눈으로 쏘아보았다.

자기가 졌다는 것을 인정하지 않을 수 없었던 까마귀는 쉰 목소리로 투덜대고는 힘겹게 날갯짓을 하며 천천히 멀리 날아갔다.

참새들은 앞으로는 그 어떤 새에게도 왕처럼 군림할 수 있는 권리를 주지 않기로 했다. 그런 점에서 그들은 인간보다 영리했다.

참새가 더 나은 세상을 알게 된 이야기

어느 숲의 한 고목에 부엉이가 숨어 살고 있었다. 그 나무는 숲 속에 있는 그 어떤 나무보다 나이가 많았다. 부엉이와 부엉이의 집은 새들만 알고 있을 뿐 어느 누구도 알지 못했다. 새들은 지혜롭고, 엄청나게 많은 것들을 알고 있는 부엉이를 무척 존경했다. 오랜 세월 살면서 많은 것을 보고 들은 부엉이는 새들이 찾아오면 많은 이야기를 들려주었다.

어느 날, 참새가 부엉이를 찾아왔다. 참새는 몹시 시무룩해 보였다. "둥지가 망가졌어요!" 참새가 부엉이에게 말하면서 애써 눈물을 참았다. "둥지가 망가지고, 머지 않아 새끼들이 태어날 알들도 없어졌어요."

부엉이가 고개를 끄덕이며 참새를 측은하게 쳐다보았다.

"그런 나쁜 일이 너한테만 일어나는 것은 아니란다. 그렇지만 무슨 일이 일어났는지 좀 더 정확히 말해 보렴."

참새가 자초지종을 말했다.

"아침 일찍 사람들이 큰 차와 기계를 갖고 몰려와서 나무와 덤불들을 마구 잘라 냈어요. 내 둥지가 있는 나무도 쓰러졌어요. 간신히 나만 몸을 피할 수 있었지요. 사람들은 잘라 낸 나무를 잔뜩 쌓아 놓더니 자동차로 모두 실어 갔어요. 그런 다음 커다란 구멍을 파서 시멘트로 채웠어요."

참새가 시무룩하게 땅을 쳐다보았다.

"이제 저는 어떻게 해요? 이곳에서는 더 이상 살고 싶지 않아요. 지혜로우신 부엉이 님, 제가 행복하고 만족스럽게 살아갈 수 있는 땅은 어디에 있는지 말씀해 주실 수 있으세요? 아무도 둥지를 망가뜨리지 못하는 그런 곳을 제게 가르쳐 주세요."

참새는 부엉이에게 간청했다.

부엉이는 한참 동안 생각하더니 이렇게 말했다.

"그건 쉬운 일이 아냐. 세월이 흐를수록 우리가 편히 살 수 있는 곳이 점점 줄어들고 있거든. 사람들이 곳곳에 집과 길을 만들고 있어. 어디를 가든 자동차가 다니고, 비행기가 날아다녀. 공기는 점점

더 나빠지고, 물은 더러워지고 있어. 그렇지만 멀리 서쪽으로 가면 숲이 많고, 물이 깨끗하고, 공기가 맑은 땅이 있을 거야. 그곳으로 가 보렴. 그런데 그 길은 아주 멀고 위험하단다."

참새는 무척 기뻐하며 고맙다는 인사를 하고 당장 서쪽으로 날아갔다. 그렇게 날아간 참새는 한참 동안 모습을 보이지 않았다. 그러던 어느 날 불쑥 되돌아와서 말했다.

"서쪽으로 날아가서 큰 숲이 있는 땅을 발견했어요. 그렇지만 그곳에서도 살 수 없었어요. 겨울이 되면 여기보다 더 춥고, 더 외로웠어요. 그곳에서 굶주리고 추위에 떨다가 얼어 죽을 뻔했어요. 그곳에서는 도저히 자식을 낳아 기를 수가 없어요. 지혜로우신 부엉이님, 제가 행복하게 살아갈 수 있는 다른 곳을 가르쳐 주세요."

부엉이는 처음 그 부탁을 받았을 때보다 더 깊은 생각에 잠겼다. 그리고 잠시 뒤 말했다.

"과거로 날아가 보렴. 시간이 지나면서 사람과 집과 자동차와 비행기가 점점 더 늘어났거든. 그러니까 시간의 흐름을 반대로 거슬러 가 보는 거야. 과거로 돌아가 행복을 찾아보렴."

"과거로 어떻게 돌아가는데요?" 참새가 물었다.

"지구는 계속 돌고 있고, 한 번 돌 때마다 새로운 날이 밝아 오지. 그러니까 너는 지구가 도는 방향과 반대 방향으로 날아가는 거야. 그렇게 하다 보면 과거로 돌아갈 수 있겠지. 그렇지만 미리 경고해 두는데, 그 길은 처음에 네가 갔던 길보다 훨씬 더 멀고 위험하단다." 부엉이가 대답했다.

"그래도 해 보겠어요."

참새는 이렇게 소리치고는 당장 날아갔다.

참새는 오랫동안 돌아오지 않았다. 처음에 길을 떠났을 때보다도 더 많은 시간이 지났는데도 돌아오지 않았다. 아무도 그가 다시 돌아오리라는 것을 상상도 못 했다. 그러던 어느 날, 그가 돌아왔다.

참새가 부엉이에게 말했다.

"오랫동안 날아갔어요. 더 이상 갈 수 없을 만큼 오랫동안 말이에요. 정말 부엉이 님 말씀 그대로였어요. 사람과 길과 자동차도 적고, 공기도 더 맑고, 물도 더 깨끗했어요. 그래도 그곳에서 살 수는 없었어요. 그곳에도 아주 위험한 것들이 있었거든요. 저를 잡아먹으려고 달려드는 맹수들이 여기보다 훨씬 더 많았어요. 잠을 깨우는 너구리도 있었어요. 그곳에서 살고 있는 작은 새들은 위험한 것에 익숙해져 있어서 괜찮았어요. 그렇지만 저는 그 어느 곳도 안전하다는 생각이 들지 않아서 둥지를 만들지는 못했어요. 죽을 고비를 다섯 번이나 넘기고 나서 이렇게 먼 길을 되돌아온 거예요. 정말 행복하게 살 수 있는 곳은 없을까요?"

부엉이는 이제까지 살아오면서 그 어떤 문제를 생각할 때보다 깊고 또 길게 고민했다. 참새가 그만 포기하려는 바로 그때에 부엉이가 갑자기 고개를 번쩍 들었다.

"그럼, 여기에서 살아가렴. 네가 살아왔던 이 시대, 이 땅에서 말이야. 네가 찾으려는 행복은 어디를 가든 찾지 못할 거야. 그게 내가 너한테 해 줄 수 있는 충고란다. 내 말을 믿고 어서 집으로 돌아가렴. 나도 이제 피곤하구나. 이 말을 듣고 싶지 않다면 내가 너한테 해 줄 수 있는 딱 한 가지 마지막 충고를 따르렴. 그렇지만 그 길은 다른 길보다 더 불안하고 힘겨울 거야. 그것은 미래로 날아가는 거란다. 그곳이 너에게 더 좋은 세상이 될지는 아무도 몰라. 그렇지만 한번 시도는 해 볼 수 있겠지. 지구가 돌아가는 방향으로 계속 날아가면 그곳에 닿을 수 있을 거야. 그렇지만 지구가 도는 속도보다 더 빨리 날아가야겠지. 그렇게 하면 넌 미래로 갈 수 있을 거란다."

참새는 잠시 생각에 잠겨 깃털을 가지런히 정돈하고 주변을 둘러본 다음 큰 소리로 외쳤다.

"한번 해 보겠어요. 미래로 날아가겠어요!"

그런 다음 참새는 날개를 활짝 펴고 지구가 돌아가는 방향으로, 즉 새로운 날이 시작되는 곳으로 날아갔다.

아직까지도 참새는 돌아오지 않고 있다. 그래서 그가 과연 목적지에 도착했는지, 그곳에서 그동안 찾아 헤매던 것을 찾아냈는지는 아무도 알지 못한다. 나이가 아주 많고, 지혜로우며, 많은 것을 알고 있는 부엉이조차도 그것만큼은 모른다.

지은이 후기

> 삶을 꿈꾸지 말고,
> 꿈을 살아야 한다.
> — 막심 고리키

「숲이 어디로 갔지?」와 그 밖의 다른 단편들은 애초에 외부에 발표하기 위해 쓴 글들이 아니었다. 다양한 생각놀이, 즉흥적인 상상, 구체적인 행동과 '결론'이 이야기를 쓰면서 비로소 구체화되는, 머릿속에 막연히 떠오르는 생각들이었다. 몇 년 동안 그런 생각들을 여러 사람들과 함께 나누고 다듬은 다음에야 이 이야기들을 잘 다듬어 발표해 보자는 생각을 하게 되었다.

여기에 발표한 이야기들은 즉흥적인 상상이고, 어떠한 결론도 내리지 않으면서 환경에 대한 관심을 이끌어 낼 수 있도록 씌어졌다. 이 작품들은 어린이나 어른에게 독서의 재미를 제공하고, 글에 대해 좀 더 깊이 생각할 수 있도록 해 주며, 독자가 이 이야기들과 비슷한 생각을 갖고, 각자의 상상에 따라 더 많은 이야기를 만들어 내는 계기를 마련해 줄 것이다.

이 책을 어린이에게 읽어 주는 사람은 책에 나오는 이야기를 적혀 있는 그대로 전달해 줄 필요는 없다. 자신의 평소 말투대로 이야기를 전해 주고, 그런 과정을 통해 새로운 이야기를 만들어 낼 수도 있다. 다만 수업시간에 이 책을 활용해 아이들과 함께 더 많은 것들을 고민하고 생각할 수 있는 시간을 갖고자 하는 선생님들은 어린이들이 각자의 이야기를 말하는 것에 그치게 내버려두지 말고 어린이들과 함께 이야기를 나누고, 생각을 나누어야만 한다.

　그렇게 자유로운 상상력을 발휘해서 지어낸 이야기들이 아이들로 하여금 회색으로 얼룩진 일상에 아름다운 자연의 색깔을 덧칠하게 하고, 자연과 보잘것없는 것들이 느끼는 고통을 잊지 않으면서도 흥미를 갖게 하고, 현실을 외면하지 않으면서 상상력을 발휘할 수 있게 해 준다면, 저자가 바라는 소망이 이루어진 셈이다.

　마지막으로, 내게 작품의 화두를 던져 주고 지지해 준 베르크슈타트 출판사와 많은 도움을 준 사람들, 특히 이 책이 나오기까지 절대적인 도움을 준 에리카에게 감사 드린다.

베른트 M. 베이어

옮긴이의 말

아기가 엄마의 말을 이해하고 알아듣기까지는 시간이 필요합니다. 사람으로 태어나 자연이 하는 말을 알아듣고 이해할 수 있게 되기까지에는 더 많은 시간이 필요하지요. 어렸을 때 자연은 내 몸의 일부처럼 친밀하고, 가깝습니다. 나이가 들면서 차츰 사람들은 자연을 자기와 상관없는 것이라고 생각하게 되고, 대개는 무심한 마음으로 대하며 잊어버리고 말지요.

소중한 것은 늘 그렇게 사람들의 관심과 사랑을 받기까지 오랜 세월 동안 기다려 줍니다. 자연이 귀한 존재임을 깨닫고 새삼 돌아오는 사람들을 넓은 가슴으로 포근히 안아 주지요. 오랫동안 외면해 왔지만 다시 돌아가 새로운 시각으로 자연을 대하게 되면 사람들은 마치 고향을 떠나 멀리 나갔다가 돌아온 것처럼 편안함을 느낄 수 있습니다.

자연은 참 오랫동안 우리의 사랑스러운 눈길을 기다려 왔습니다. 우리는 너무 오래 자연의 넉넉한 마음만 믿고 자연을 잊은 채 지내왔지요. 태풍, 수해, 가뭄, 한파 등 많은 자연 현상들은 이제 우리가 자연을 생각할 때가 되었음을 분명하게 말해 주고 있습니다.

　이 책은 독자의 상상력을 억지로 자극하지 않으면서 자연에 대해 곰곰이 생각해 볼 수 있는 계기를 마련해 줍니다. 이 책은 독일에서 가장 각광받는 환경운동 교과서라고 하지요. 독일에서는 이 책을 교실에서 함께 읽고 학생들이 자유롭게 토론을 한다고 합니다. 우리나라에서도 많은 독자들이 이 책을 통해 서로의 생각을 나눌 수 있는 기회를 갖게 되면 참 좋겠습니다.

유혜자

지은이

베른트 M. 베이어 Bernd M. Beyer

베른트 M. 베이어는 1950년 6월 21일 독일 함부르크에서 태어났다. 대학에서 경제학을 공부하고, 오랫동안 자연과 환경 관련 전문기자로 활동했다. 출판사에서 편집 일을 하기도 했다. 그가 쓴 책들은 독일에서 환경교육을 위한 지침서로 어린 독자들의 사랑을 받고 있다. 베른트 M. 베이어의 아들은 한국 태권도의 열렬한 팬이라고 한다.

옮긴이

유혜자

스위스 취리히 대학교에서 5년간 경제학을 공부하면서 독일어를 배웠다. 1985년에 한국으로 돌아와 의미가 깊고, 그림이 예쁘고, 내용이 좋은 책들을 열심히 번역하고 있다. 사고의 틀을 넓혀 주는 책에 특히 관심이 많으며, 지금까지 옮긴 책으로 『좀머 씨 이야기』, 『콘트라베이스』, 『마법의 설탕 두 조각』, 『아빠의 만세발가락』, 『청소년을 위한 경제의 역사』 등 200여 권이 있다.

숲이 어디로 갔지?

1판 1쇄 발행 2002년 10월 11일
개정판 1쇄 발행 2014년 6월 10일
개정판 3쇄 발행 2022년 11월 10일

지은이 베른트 M. 베이어
그린이 지빌레 헬베그 · 라인하르트 브란트
옮긴이 유혜자
펴낸이 조추자
펴낸곳 두레아이들
등록 2002년 4월 26일 제10-2365호
주소 (04075) 서울시 마포구 독막로100 세방글로벌시티 603호
전화 02)702-2119, 703-8781 팩스 02)715-9420
이메일 dourei@chol.com 블로그 http://blog.naver.com/dourei
ⓒ 두레아이들, 2002, 2014

* 가격은 뒤표지에 적혀 있습니다. 잘못 만들어진 책은 바꾸어 드립니다.
* 두레아이들은 도서출판 두레의 어린이책 출판사입니다.
* 이 도서의 국립중앙도서관 출판시도서목록(CIP)은 서지정보유통지원시스템 홈페이지
  (http://seoji.nl.go.kr)와 국가자료공동목록시스템(http://www.nl.go.kr/kolisnet)에서
  이용하실 수 있습니다.(CIP제어번호: CIP2014014993)

ISBN 978-89-91550-55-1   73850

•• 자연, 생태, 역사 등의 교양과 지식을 전해주는 보물창고 두레아이들 교양서 ••

과학자와 어린이가 함께 파헤치는
지구 온난화
린 체리 · 게리 브라시 지음 | 데이비드 소벨 교수 서문 | 이충호 옮김

과학자들이 기후 변화의 증거와 해결책을 찾는 방법, 어린이도 지구온난화를 막을 수 있다는 사실 등을 일러준다.

행복한 아침독서 추천도서, 학교도서관저널 추천도서, 어린이문화진흥회 '좋은 어린이 책'

재미있는 돈의 역사
벳시 마에스트로 글 | 줄리오 마에스트로 그림 | 이문희 옮김

고대 시대의 물물교환용으로 사용되던 볍씨와 소금 등에서부터 현대인의 필수품인 돈이 어떻게 생겨나고 발달하는지 그 변천 과정을 이해하기 쉽고 재미있게 알려주는 교양서이자 역사서. 부록으로 '우리나라 돈의 역사'도 실려 있다.

오픈키드 추천도서

신기한 곤충들의 나라
클로드 뉘리자니 · 마리 페레누 글, 사진 | 햇살과나무꾼 옮김 | 김정환 감수

어린이의 눈높이에서 바라본 곤충들 이야기! 칸 영화제 수상작 〈마이크로코스모스〉의 감독들이 직접 이 영화에서 어린이가 흥미 있어 할 만한 놀랍고도 신기한 사진들만 모아놓은 책.

서울시 교육청 권장도서, 《조선일보》 추천도서

인디언의 선물
: 촉토 인디언이 전하는 나눔의 감동적인 이야기
마리-루이스 피츠패트릭 글, 그림 | 게리 화이트디어 감수 | 황의방 옮김

자신들을 짓밟았던 백인들이 굶어죽는다는 소식에 구호금을 보내는 가난한 인디언들의 사랑, 용서와 나눔의 감동적인 이야기!

중학교 국어 교과서(1-1) 수록작품, 열린어린이 권장도서

물고기가 사라진 세상
마크 쿨란스키 지음 | 프랭크 스톡턴 그림 | 이충호 옮김

물고기의 멸종과 바다 문제를 다룬 첫 어린이 책! 바다의 죽음에 대해 경종을 울리는 동시에 '바다를 살릴 수 있는 희망'도 함께 제시해준다.

환경부 우수환경도서, 한국어린이출판협의회 추천도서
오픈키드 추천도서, 열린어린이 권장도서

1차 세계대전: 모든 전쟁을 끝내기 위한 전쟁
러셀 프리드먼 지음 | 강미경 옮김

영웅주의와 살육, 애국심과 정치, 2차 세계대전의 토대를 마련한 국제적 역학 관계를 통해 1차 세계대전을 간결하고도 설득력 있게 설명해준다. 목격자들의 증언과, 전장과 참호 안에서 찍은 사진을 바탕으로 결국 마지막이 되지 못한 전쟁을 가감 없이 그려내 보여준다.

행복한 아침독서 추천도서

두레와 두레아이들이 만든 좋은 책들

두레아이들 그림책 시리즈

나무를 심은 사람
장 지오노 글 | 프레데릭 백 그림 | 햇살과나무꾼 옮김

초등학교 교과서(5-1) 수록 작품,
한국간행물윤리위원회 청소년 권장도서
한우리독서문화운동본부 추천도서, 어린이도서연구회 추천도서
열린어린이 권장도서, 사단법인 환경과생명 선정 우수환경도서
경향신문 청소년 독서논술대상 선정도서, 오픈키드 추천도서

위대한 강
프레데릭 백 글·그림 | 햇살과나무꾼 옮김

한국간행물윤리위원회 청소년 권장도서, 오픈키드 추천도서

사람은 무엇으로 사는가
레프 N. 톨스토이 글 | 최숙희 그림 | 김은정 옮김

주니버(네이버) 오늘의 책,
한국간행물윤리위원회 '이달의 읽을 만한 책'

사랑이 있는 곳에 신이 있다
레프 N. 톨스토이 글 | 최수연 그림 | 김은정 옮김

별
알퐁스 도데 글 | 윤종태 그림 | 김영신 옮김

큰 바위 얼굴
너새니얼 호손 글 | 김근희 그림 | 이현주 옮김

어느 작은 사건
루쉰 글 | 이담 그림 | 전형준 옮김

교보문고 추천도서

고학년을 위한 책

두레아이들 고전읽기 1
혜초의 대여행기 왕오천축국전
강윤봉 지음 | 정수일 감수

한국문명교류연구소 어린이 교양총서 01
오픈키드 '이달의 책'

마르코 폴로의 모험
러셀 프리드먼 지음 | 배그램 이바튤린 그림 | 강미경 옮김

한국간행물윤리위원회 청소년 권장도서,
행복한 아침독서 추천도서,
열린어린이 권장도서

아메리카를 누가 처음 발견했을까?
러셀 프리드먼 지음 | 강미경 옮김

행복한 아침독서 추천도서, 열린어린이 권장도서,
어린이문화진흥회 '좋은 어린이 책'

숲이 어디로 갔지?
베른트 M. 베이어 지음 | 유혜자 옮김

산림청 권장도서, 〈중앙일보〉 우수추천도서

제인 구달의 내가 사랑한 침팬지
제인 구달 지음 | 햇살과나무꾼 옮김

초등학교 도덕 교과서(3-1) 수록도서
'환경책 큰잔치' 다음 100년을 살리는 어린이 환경책,
열린어린이 권장도서

레이첼 카슨
진저 워즈워스 지음 | 황의방 옮김

학교도서관저널 추천도서

헨리 데이비드 소로
엘리자베스 링 지음 | 강미경 옮김

행복한 아침독서 추천도서, 오픈키드 추천도서

넬슨 만델라
: 자유를 향한 머나먼 길
넬슨 만델라 지음 | 크리슨 반 위크 축약 | 패디 보머 그림 | 강미경 옮김

행복한 아침독서 추천도서

사흘만 볼 수 있다면
그리고 헬렌 켈러 이야기
헬렌 켈러 지음 | 신여명 옮기고 씀

아빠의 만세발가락
리타 페르스휘르 지음 | 유혜자 옮김

월간 「북새통」 선정 우수도서,
네덜란드 최고 문학상 '황금부엉이 상' 수상

바보들의 나라, 켈름
아이작 B. 싱어 지음 | 유리 슐레비츠 그림 | 강미경 옮김

어린이문화진흥회 '좋은 어린이 책'

악동일기
빅토리아 빅터 지음 | 전영애 옮김

작은 인디언의 숲
어니스트 톰슨 시튼 글·그림 | 햇살과나무꾼 옮김

중학년을 위한 책

바다로 돌아간 제돌이
핫핑크돌핀스 지음 | 박주애 그림

행복한 아침독서 추천도서, 오픈키드 추천도서

두레아이들 생태 읽기 ①
중국을 구한 참새 소녀
사라 페니패커 글 | 요코 타나카 그림 | 신여명 옮김

환경부 우수환경도서

두레아이들 생태 읽기 ④
아기 수달의 머나먼 여행
크리스티앙 부샤르디 글 | 브누아 샤를 그림 | 김주열 옮김

아이북랜드 추천도서

두레아이들 생태 읽기 ⑤
동물들은 왜 화가 났을까?
생명은 거미줄이에요

크리스티앙 부샤르디 글 | 피에르 에자르 그림 | 김주열 옮김

평화박물관건립추진위원회 선정 '어린이 평화책'

두레아이들 생태 읽기 ⑥
바다로 돌아간 돌고래
버지니아 매케너 글 | 이언 앤드루 그림 | 햇살과나무꾼 옮김

동물보호시민단체 카라 추천도서, 아이북랜드 선정도서

괜찮아, 괜찮아 시리즈

나는 두 집에 살아요
마리안 드 스멧 글 | 닝커 탈스마 그림 | 정신재 옮김

행복한 아침독서 추천도서, 한국어린이출판협의회 추천도서
아이북랜드 선정도서

할머니는 어디로 갔을까
아르노 알메리 글 | 로뱅 그림 | 이충호 옮김

오픈키드 추천도서

누구나 공주님
브리짓 민느 글 | 메이럴 아이케르만 그림 | 정신재 옮김

행복한 아침독서 추천도서, 오픈키드 추천도서
아이북랜드 선정도서

안 돼, 내 사과야!
그웬돌린 레송 글 | 일하임 압델-젤릴 그림 | 이충호 옮김

행복한 아침독서(책등이) 추천도서,
한국유치원총연합회 추천도서
오픈키드 추천도서, 아이북랜드 선정도서

토드의 텔레비전(근간)
제임스 프로이모스 글·그림 | 강미경 옮김